销售就是要拼细节

刘铭 ——————— 著

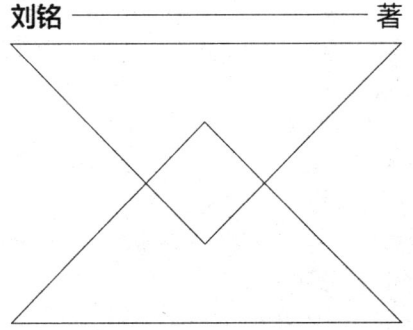

民主与建设出版社

·北京·

© 民主与建设出版社，2019

图书在版编目（CIP）数据

销售就是要拼细节 / 刘铭著 . — 北京：民主与建
设出版社，2019.7
ISBN 978-7-5139-2525-9

Ⅰ.①销… Ⅱ.①刘… Ⅲ.①销售－方法 Ⅳ.
① F713.3

中国版本图书馆 CIP 数据核字 (2019) 第 122189 号

销售就是要拼细节
XIAOSHOU JIUSHIYAO PINXIJIE

出 版 人　李声笑
著　　者　刘　铭
责任编辑　王　倩
装帧设计　尧丽设计
出版发行　民主与建设出版社有限责任公司
电　　话　（010）59417747　59419778
社　　址　北京市海淀区西三环中路 10 号望海楼 E 座 7 层
邮　　编　100142
印　　刷　凯德印刷（天津）有限公司
版　　次　2019 年 10 月第 1 版
印　　次　2019 年 10 月第 1 次印刷
开　　本　880mm×1230mm　1/32
印　　张　8
字　　数　177 千字
书　　号　ISBN 978-7-5139-2525-9
定　　价　39.80 元

注：如有印、装质量问题，请与出版社联系。

伟大的推销员乔·吉拉德说："销售成功的机会无处不在、无时不有，遍布于每一个细节之中。"销售活动是一个持续不断的、完整的过程，由许多细节组成，细节在销售领域里的重要性是不容忽视的。从某种意义上说，销售就是拼细节。

细节是什么？细节就是销售过程中很容易被忽视的小事，包括销售员的言行举止和理念，甚至包括销售员的衣着和打扮。细节决定成败，执行在于细节，销售在于细节。

销售中的诸多细节，不仅能体现销售员的做事态度，更能体现其责任心。销售员是否热爱自己的工作，能否为客户提供优质的服务，并不需要通过大事来证明，更多体现在一个个小细节中。因为，销售员所做的工作再宏大，也是由一个个细节组成的。要想成为一名优秀的销售员，必须注重工作中的细节，把每个细节做好，对每个细节负责。

"天下难事，必作于易；天下大事，必作于细。"销售无小事，任何一个细节都应该引起销售员的关注。销售员一旦能够真正把握细节，不仅能给客户留下良好的印象，还能在沟通过程中洞察客户的心理，挖掘客户语言中的潜台词和真正需求。

令人遗憾的是，很多销售员都无法做好细节性的工作。尤其是销售新人，往往会有错误的认知：只要把一些重要的大事做好就行了，某些小细节无关痛痒，马虎一点，粗心一点也无所谓。殊不知，恰恰是因为细节上的疏忽，导致销售工作前功尽弃、满盘皆输，甚至带来难以挽回的损失。太多的销售案例证明，不注重销售细节就很难取得成功。

从本书中，你能学到：如何通过细节来提升个人的能力和第一印象；如何从细节上挖掘客户需求和解读客户的心理动态；如何通过细节化解客户的拒绝和异议；如何从细节着手，与客户讨价还价；如何从细节出发，做好售后服务工作；等等。

本书着眼于销售实践，从销售工作的各个环节中选取了一些最常见、最容易被忽视的销售细节，并通过真实的案例和生动的情景予以再现，看似平常，实则都是一些朴实、实用的方法。

希望通过阅读本书，销售员可以找到与客户建立长期合作关系的有效方法，在不断提升销售业绩的同时，持续拓展人脉，以最快的速度成为令人瞩目的销售精英！

目录

↓

CONTENTS

第一章 你所忽视的细节，影响了你的成交

着装邋遢，刚开始会面便告结束   002

区别对待客户，业绩只会越来越差   005

只会抱怨外部因素，怎么可能创造好的业绩   008

态度过于卑微，难以获得客户的信任   011

自说自话，只会把客户往外赶   014

课后习题   017

第二章 素质修养课——提升个人能力的细节处理

"谢谢"挂嘴边：感恩客户才能赢得订单   026

学习精进：销售员的成长方程式   029

好奇心：个人提升的原动力   033

可靠性：信赖感让客户认可度激升   036

虚心求教：能力持续提升的"利器" 039

→ 课后习题 043

第三章 形象礼仪课——为第一印象加分的细节处理

出门照镜子：涉及外表的9项原则 048

微笑是一封美妙的心灵介绍信 051

握手礼仪：宣示保证、信赖及契约 055

精致名片：展现自己的一方舞台 060

目光信号：准确传递沟通信息 064

→ 课后习题 068

第四章 销售对象定位课——了解客户需求的细节处理

全身心倾听，客户会主动透露更多信息 074

抓看点：利用利益关键点找到客户的需求 078

挖痛点：帮客户发现他所不知的需求 081

"二选一"式提问：探寻客户需求的利器 085

销售精英撒手锏：主动创造需求 088

→ 课后习题 092

第五章　观察力强化课——挖掘客户心理动态的细节处理

舌头会骗人，眼睛不会　　　　　　　　　098

读懂"眉语"：跳动的眉毛在表达思想　　102

多变"笑语"：心理状态的"晴雨表"　　105

注意手部动作，手势中隐含着某种深意　109

起跑姿势：准备离开的暗示语　　　　　113

↳ 课后习题　　　　　　　　　　　　　116

第六章　提炼产品卖点课——高效推介产品的细节处理

产品为王：口碑是最好的推介词　　　　　122

差异化销售：突出产品的独特卖点　　　　125

FABE推销法：条理清晰的产品说明更有说服力　129

留点破绽，有缺点的产品才真实　　　　　132

亲身体验：让客户切实感受到产品优势　　135

↳ 课后习题　　　　　　　　　　　　　138

第七章 应变能力课——化解客户拒绝之意的细节处理

拒绝≠失败　144

数位游戏：只计算销售成功的次数　147

给客户一个购买产品的理由　150

让客户一直说"是"　153

门把法：跨出大门的瞬间来个反败为胜　157

▶ 课后习题　160

第八章 价格博弈课——与客户讨价还价的细节处理

多重报价：让客户忽略讨价还价　166

金额细分法：淡化客户的价格敏感度　169

性价比：高性能匹配高价格　172

主动示弱：同情心让客户放弃砍价　175

坚持底线：绝不轻易降低价格　178

双赢：讨价还价的最佳结果　182

▶ 课后习题　185

第九章 **异议处理课——达成交易共识的细节处理**

异议有真有假，找准"靶心"是辨别关键 194

巧妙提问：异议是问出来的 197

正确选择时机：时机对了，解释就对了 200

避免争执：争辩无法说服客户，更解决不了问题 204

处理过激异议，记住6种有效技巧 207

课后习题 210

第十章 **客户情感维系课——打造优质售后服务的细节处理**

回头客战略：售后服务是拉住客户的无形之手 216

VIP策略：为关键客户提供个性化服务 219

回访客户：维护比开发更重要 222

处理抱怨：以积极、高效的态度做服务 226

情暖人心：贴心关怀让客户心生暖意 231

课后习题 234

附 录

服务需要人性化 239

1

第一章

你所忽视的
细节，影响了你的
成交

▼

做买卖的时候，你的感觉经常是主观的——你有这种感觉，但你不知道为什么有。

——罗杰·道森

着装邋遢，刚开始会面便告结束

▸ 出门会见客户之前，你会整理自己的着装吗？

▸ 你会根据客户选择不同的服装吗？

情景1：

"你的西服都褪色了，怎么不买套新的？"

"衣服又没坏，扔掉多浪费。"

情景2：

"你的西服纽扣掉了一颗，还不赶紧缝上！"

"我到哪里找纽扣去？等拜访完客户再说吧！"

情景3：

"你怎么每天都穿这一套西服？"

"刚工作，没钱买。等有钱的时候再说。"

在销售行业中，总有一些刚刚入行的销售员不在意自己的着装，即便公司的前辈告诉他们着装会对结果有影响，他们依然我行我素，固执地按照自己的喜好和理解去选择自认为合适的着装。

销售工作的性质决定了销售员需要每天与不同行业的人打交道。与客户会面的时候，首先映入客户眼帘的，就是销售员的衣着打扮。从某种意义上说，衣着可谓销售员的通行证。试想，销售员初次与客户会面时就给客户留下了装邋遢的印象，那么后续的交流和沟通又怎么能够展开呢？

但是，在实践过程中不难发现，一些销售员常常以"每天忙着跑业务，哪有时间注意着装""刚刚参加工作没有钱，买不起品质优良的西服""衣服没坏就可以，要懂得节俭""客户要买的是产品，和我的衣服没关系"之类的话语为托词，为自己邋遢的着装进行辩解。

销售工作确实非常辛苦，无论天气、环境多么糟糕，销售员都要不辞辛劳地外出拜访客户，时间方面的确比较紧张，但是，这并不能成为销售员衣着不整的理由。

销售员必须明白一点：即使产品的品质再好、性价比再高，如果销售员穿着邋遢，客户也会产生一定的怀疑。毕竟，很多客户习惯于以貌取人，一旦给客户留下邋遢的印象，客户难免就此联想到销售员所代表的公司可能也如销售员一样破败衰落，说不定已经濒临破产。只要客户有了这种不好的联想，那就意味着刚开始的会面很可能立刻就会结束，想要完成交易无疑是难于上青天了。

在美国华尔街流传着这样一句谚语："不要把你的钱交给一个穿破皮鞋的人。"虽然这种识人的方式有些偏颇，但是首因效应的影响是确确实实存在的。想要成为一名合格乃至优秀的销售员，无论如何都不能忽视着装这一细节，因为着装不仅代表个人的品位，更代表公司的形象。

细节回顾

- 保持着装得体，是销售员从事销售工作的基本要求。
- 销售员应根据环境、客户等选择合适的着装，而非依据个人喜好。
- 邋遢的着装会拉低销售员的印象分，也会对公司形象产生负面影响。

区别对待客户，业绩只会越来越差

▶ 你会区别对待自己的客户和别人的客户吗？

▶ 对别人的客户饱含热情，真的是在浪费时间吗？

情景1：

"莉莉，我现在脱不开身，你帮我招待一下客户呗？"

"自己的客户自己招待，我也忙着呢！"

情景2：

"您好！请问销售员娜娜在哪里？"

"对不起，我不知道。"

情景3：

"强子今天不上班，他说有事可以找你，你能不能帮我一个忙啊？"

"他没跟我说，我也没有空，暂时没法帮您，很抱歉！"

销售员的时间宝贵、精力有限，为了获得更好的业绩，往往需要抓住一分一秒的时间，去获得更多的客户。所以，他们通常对那些与自己工作无关的事情没有太大的热情。这种做法对个人工作有益，本是无可厚非的。

但是，一旦销售员对与自己工作无关的事情进行过度过滤，就可能犯下区别对待客户的错误：他们只以饱满的热情去接待自己的客户，而不愿在成交希望不大的人或别人的客户身上浪费自己的热情。

这类销售员或许并不缺失礼貌和礼仪，只不过对"热情招待"这个细节产生了偏颇的认知罢了：自己的客户能带来实实在在的利益，要主动笑脸相迎、嘘寒问暖；别人的客户是在浪费自己的时间和精力，只要敷衍了事即可。

当销售员将客户划分为不同的类型，以不同的方式接待时，他们就已经犯下了巨大的错误。无论他们给出的理由是"工作忙"还是"没时间"，都已经铸成了一个无法否定的事实：客户受到了冷落，产生了不良的消费体验。更令人担忧的是，这种现象和问题并非个例，而是在销售实践中经常可以见到。

热情的态度，不仅能体现销售员的活力，还能令客户深受感染。当销售员饱含热情地接待每一位客户时，那些尚不是客户的人同样会被感动。他们看到销售员对陌生人都那么热情，自然觉得销售员对客户会更加热情。这样一来，这些陌生人会逐渐变成一般客户乃至忠诚客户，为销售员提升业绩做出自己的贡献。

细节回顾

- 销售员以饱满的热情去接待客户，会让客户体验到被重视的感觉。
- 对客户区别对待，不仅无法赢得新客户，还有可能失去老客户。
- 销售员的热情态度具有很强的感染力，能够吸引客户关注销售员和产品。

只会抱怨外部因素，怎么可能创造好的业绩

▶ 销售业绩不好时，你首先会从哪个方面找原因？

▶ 如果你身边有一位习惯性抱怨的同事，你会怎么看待他？

情景1：

"产品卖得怎么样？"

"太糟糕了，那些客户根本不愿买东西！"

情景2：

"目前看来，这个促销活动似乎效果不好啊。"

"我一开始就说这样不行，可是没人听我的啊！"

情景3：

"这个月销售业绩怎么这么差？"

"没办法啊，经济不景气，客户都不舍得花钱。"

　　销售业绩不好的时候，很多销售员会习惯性地将原因归咎于外部因素。不是产品质量不好，就是市场整体低迷，或是抱怨客户不好沟通，等等。把各种各样的原因都找了一遍，却从不在自己身上找原因。

　　实际上，这种不负责任的事情，很多销售员都做过。当我们听到诸如"我无能为力""客户不舍得花钱""营销策划没有做好""领导不支持我"之类的说辞时，很容易就能判断出销售员的工作态度出现了问题。

　　习惯性抱怨的销售员，总能为自己的失败找到各种各样的借口。这种怨天尤人的态度，限制了销售员掌控工作和生活的能力。抱怨越多，越看不到自己的问题，也就越喜欢将责任推到别人身上。在这个恶性循环的圈子中，销售员对自己的认识偏差会越来越大，销售业绩自然也会越来越差。

　　当销售员总以"这是你的错，不是我的错"为借口时，他难免会被同事疏远，也会失去别人给予的尊重。更为严重的后果是，虽然抱怨在短期内不会造成太大的影响，但是从长远来看，会对团队乃至整个公司的发展产生负面作用。当抱怨情绪不断在团队中蔓延时，团队的氛围就会受到影响，团队成员彼此指责，却没人愿意为失败承担责任。由互相推诿的成员组成的团队，自然无法解决问题，更不要妄想创造好的销售业绩了。

埃里克·格雷滕斯在《弹性》中写道："当需要在艰苦的行动和轻松的借口两者之间做出选择时，人们往往会选择后者……完美很难企及，借口充满了诱惑。"借口虽然好找，但是对成功没有丝毫的帮助。销售员想要取得更好的业绩和成就，就要勇敢承担起自己的责任，而不是将失败归咎于外部因素。

细节回顾

- 市场环境、客户状况等外部因素，并不会对销售业绩产生决定性的影响。
- 销售进程出现问题，销售员应该主动从自己身上寻找原因，而非将责任推给别人。
- 销售业绩出现起伏很正常，无论是好是坏，客观分析才是正确的做法。

态度过于卑微，难以获得客户的信任

▶ 你觉得乞求能为自己赢得订单吗？

▶ 你想过自己的卑微表现会给公司造成怎样的影响吗？

情景1：

> "马经理，求求您了，给我留出1分钟时间就行。"
>
> "1秒钟都没有。"

情景2：

> "孙先生，您再考虑一下，有什么要求您说，我尽量满足您还不行吗？"
>
> "价格的事，你能决定得了吗？"

情景3:

"女士，我们的化妆品也许满足不了您所有的需求，但是您试用一下也没什么关系吧？"

"万一我皮肤过敏，你说怎么办？"

类似上述场景，许多销售员应该都有似曾相识的感觉。在销售过程中，销售员多多少少会出现一些态度卑微的情况。之所以如此，无外乎以下几个原因：过度尊重客户，担心无法成交，对产品信任度不够，性格唯唯诺诺，缺乏自信心，等等。

对于一名销售员来说，销售业绩是重要的考量标准之一。因此，很多销售员觉得销售成功才是自己的终极目标，至于在销售过程中使用什么手段，那都是无关紧要的事情。于是，一些销售员便误认为，只要能够完成销售任务，通过乞求来赢得客户也无不可。

然而，令人遗憾的是：销售员的卑微乞求非但不会让客户对其产生好感，其可信度反而会被大大削弱。其中的原因也不难理解：如果销售员对自己及推销的产品都没有足够的信心，无法向客户证明产品是物超所值的，那么客户凭什么相信销售员呢？

销售员的形象，就是产品和公司的形象，其卑微的表现，可能会让客户对产品及公司产生反感，这一负面认知无疑会对销售工作产生消极的影响。更可怕的是，客户对销售员及其所代表的产品和公司，都会产生极低的评价。换句话说，卑微的销售员不仅无法提升个人业绩，还会对公司树立口碑产生反作用力。

在这种情况下，销售员想要与客户建立长期的亲密关系，无异于痴人说梦。只有通过衣着、礼仪、交谈等方面的优异表现，才能真正赢得客户的尊重和信任，进而获得达成交易的机会。

细节回顾

- 担心交易失败、对客户唯唯诺诺等，是造成销售员态度卑微的重要原因。
- 低三下四地乞求客户，会让客户对产品及公司产生负面的印象。
- 适当的穿戴、合适的礼仪、恰当的交谈等，都是赢得客户尊重的积极因素。

自说自话，只会把客户往外赶

▶ 为了说服客户，你会口若悬河地说个不停吗？

▶ 当客户心生不满时，你想过是因为自己话说得太多了吗？

情景1：

"我想看看有没有适合我穿的衣服。"

"您看看这件，这是新款式，很多人都买呢！"

情景2：

"我喜欢红色，给我找双红色的鞋试试吧！"

"我觉得您比较适合穿白色，红色不好看。"

情景3：

"这玩具怎么这么贵啊？"

"一点儿都不贵，我们已经把价格降到最低了。"

很多刚刚进入销售行业的人都会犯这样一个错误：推销产品的时候，常常沉浸在自己的世界里，一味表达自己的观点，却不去关注客户的诉求。

有些销售员天真地认为，只要口才了得，凭借自己的三寸不烂之舌就能说服客户购买产品。却在自我沉迷中忽视了一个十分重要的事实：客户也有表达的欲望。

销售员为了推销产品，滔滔不绝地向客户介绍产品的材质、特点、优势等，这是让客户了解产品的良好契机。可是，在不关注客户诉求、不了解客户真实需求的情况下，就自以为是地向客户介绍一些他们也许并不喜欢的产品，这只会让客户心生厌烦。

沉迷于自我的销售员都会有相似的经历和疑惑：明明自己热情似火地招待客户，而且做到了竭尽全力地推销，可是客户就是不买账，甚至很多时候话还没说完就被客户打断了，这导致自己的业绩始终不见提升，到底是哪里出了问题？

他们之所以产生疑惑，是因为他们没有意识到客户身为"上帝"，需要得到更多的尊重，需要表达的机会。他们自顾自地向客户推销，已经在无形之中剥夺了客户说话的权利，客户心中自然会产生诸多不满。

　　沉迷于自我世界的销售员，并非工作不努力、不勤劳，只是在沟通方式上出现了一些问题。一味表达自己的想法，却忽视客户的需求，不仅无法说服客户购买产品，反而会让客户更快地离开。

细节回顾

- 销售员自顾自地介绍产品，无形中剥夺了客户表达的权利，会让客户心生不满。
- 给客户表达想法的机会，才能抓住客户的真正需求。
- 沉迷于自我的表达，并非良好的沟通方式，互相诉说、互相倾听，才是成功销售的法门。

课后习题

细节辨析

认真阅读下列陈述，辨析所述细节是对还是错。

1. 销售员只要按照自己的喜好选择穿着即可，这样才能展现自己的个性。

2. 既然不是自己的客户，和自己就没有太大关系，接不接待无所谓。

3. 销售业绩不好时，应该虚心从自己身上找问题，而非把问题推给别人。

4. 态度谦卑、唯唯诺诺是尊重客户的表现，销售员应该满足客户的所有要求。

5. 给客户阐述需求和观点的机会，比销售员自说自话起到的推销效果更好。

技能测试：销售员潜质辅助测试

所谓"天生我材必有用"，能在销售行业中取得巨大成就的销售员大有人在，但并非每个人都适合从事销售工作。试着回答下面的测试题，看看自己的销售员潜质如何。

1. 你喜欢什么水果？

    A. 草莓（2分）

    B. 苹果（3分）

    C. 西瓜（5分）

    D. 菠萝（10分）

    E. 橘子（15分）

2. 外出时，你喜欢哪种出行方式？

    A. 坐火车（2分）

    B. 骑自行车（3分）

    C. 坐汽车（5分）

    D. 坐飞机（10分）

    E. 步行（15分）

3. 你觉得自己更喜欢在哪座城市居住？

    A. 丽江（1分）

    B. 拉萨（3分）

C. 昆明（5分）

D. 西安（8分）

E. 苏州（10分）

F. 杭州（15分）

4. 你最喜欢哪种运动？

A. 练瑜伽（2分）

B. 骑自行车（3分）

C. 打乒乓球（5分）

D. 打拳击（8分）

E. 踢足球（10分）

F. 蹦极（15分）

5. 天气很热时，你喜欢用哪种方式解暑？

A. 游泳（5分）

B. 喝冰镇饮料（10分）

C. 吹空调（15分）

6. 你最喜欢哪种天气现象？

A. 下雪（2分）

B. 刮风（3分）

C. 下雨（5分）

D. 起雾（10分）

E. 打雷（15分）

7. 你喜欢看哪种类型的电影或电视剧？

A. 悬疑推理（2分）

B. 童话神话（3分）

C. 自然科学（5分）

D. 伦理道德（10分）

E. 战争（15分）

8. 一般情况下，你必须随身携带的物品是哪种？

A. 打火机（2分）

B. 口红（2分）

C. 记事本（3分）

D. 纸巾（5分）

E. 手机（10分）

9. 平常休闲时，你喜欢去哪里？

A. 郊野（2分）

B. 电影院（3分）

C. 公园（5分）

D. 商场（10分）

E. 酒吧（15分）

F. KTV（20分）

10. 你最喜欢哪种颜色？

　　A. 紫色（2分）

　　B. 黑色（3分）

　　C. 蓝色（5分）

　　D. 白色（8分）

　　E. 黄色（12分）

　　F. 红色（15分）

11. 假如你能变成一种动物，你希望自己是？

　　A. 小猫（2分）

　　B. 骏马（3分）

　　C. 大象（5分）

　　D. 猴子（10分）

　　E. 小狗（15分）

　　F. 狮子（20分）

12. 假如你有一栋别墅，你认为它应该建在哪里？

　　A. 湖边（2分）

　　B. 草原上（3分）

　　C. 海岸边（5分）

　　D. 森林里（10分）

　　E. 城中区（15分）

13. 如果要求你必须选一种动物或昆虫一起生活，你会选择哪
一种？

A. 蛇（2分）

B. 猪（5分）

C. 老鼠（10分）

D. 苍蝇（15分）

14. 假如你住在一栋30层高的大厦里，你希望住在第几层？

A. 7层（2分）

B. 1层（3分）

C. 23层（5分）

D. 18层（10分）

E. 30层（15分）

15. 你觉得你最容易被哪类人吸引？

A. 才气十足的人（2分）

B. 对你充满依赖感的人（3分）

C. 姿态优雅的人（5分）

D. 心地善良的人（10分）

E. 性格豪迈的人（15分）

计算方法

将每道测试题所选答案后括号内的分值相加，计算出总分。

测试结果解析

40分及以下：散漫，爱玩，喜欢幻想。聪明伶俐，热情待人，交际能力强。事业心、意志力和耐性相对较差，喜欢我行我素。销售员潜质不高，难以有所成就。

41～69分：温良敦厚，注重友情，踏实稳重，不愿冒险。关注本职工作，对专业外的事物不太关心，喜欢规律性较强的工作和生活。虽然整体素质不错，但适应起销售工作会有一定的难度。

70～99分：有较强的好奇心，喜欢冒险，人缘不错。事业心一般，易妥协，耐性不足。对于销售员而言，耐心是必不可少的，想成为顶级销售员，就要在这方面多加努力。

100～139分：喜欢幻想，感性十足。性格孤傲，有时容易急躁，有时犹豫不决。事业心较重，喜欢具有创造性的工作。具有成为销售员的潜质，但性格问题需要多加注意。

140～179分：机智活泼，人缘不错，城府较深。事业心很重，渴望获得成功。综合素质极佳，只要有意愿，完全能成长为优秀的销售员。

180分以上：头脑冷静，思路清晰，领导欲望较强。性格急躁，执着不懈。事业心较重，看重于自己有利的人际关系。能专注于销售工作的话，不仅能有所成就，还能成为卓越的领导者。

细节辨析答案

1. 错。销售员的着装代表着个人素质和对客户的尊重，一丝一毫都马虎不得。

2. 错。每个客户身上都有潜在的销售机会，销售员都应该热情地接待。

3. 对。

4. 错。销售员过度卑微，会让客户对产品及销售员的可信度产生怀疑。

5. 对。

第二章

2

素质修养课——
提升个人能力的细节
处理

为自己所做的事感到骄傲——
做出自己真正为之骄傲并充满信心
的产品或服务，它可以支撑你的自
尊，人们也会给予正面回应。

——哈维·麦凯

"谢谢"挂嘴边：感恩客户才能赢得订单

▶ 交易失败，你也会对客户表达谢意吗？

▶ 对客户表示感恩，只要嘴上说说就行了吗？

有句话说："客户是销售员的衣食父母。"这种说法并不夸张，也没有贬低销售员的意思。毕竟，从薪酬利益上来说，只有客户购买产品，销售员才能得到相应的报酬。这层关系是确确实实存在的。

销售员必须明白这样一个道理：销售员能够得到的薪资和业绩都是客户给予的，没有客户的认可，销售员便一文不名。所以说，无论工作进展是否顺利，无论客户表达怎样的观点、持有怎样的态度，销售员都应该时刻对客户保持感恩之心。这并不是让销售员低三下四地对客户表示感恩，也不是让销售员对所有的客户都感激涕零，而是希望销售员能有基本的个人素质，感恩客户，让客户体会到应得的被尊重感。

　　对客户怀着感恩之心，了解客户的状况，真正关心客户的问题，并站在客户的角度为客户提供有效的解决方案，如此才能赢得客户的认可，从而更加快速、有效地找到销售工作的突破点。

　　在销售过程中，感恩的心态有利于销售员更好地与客户进行沟通，增进彼此之间的感情。销售员只有努力维系与客户的友好关系，才能源源不断地得到订单，持续提升个人的业绩。

　　具体来说，销售员想要让客户感受到深切的感恩之情，需要在以下几个方面做好工作：

- 尽量不与客户争辩或争吵。
- 无论什么情况下，都要认真倾听客户的观点或意见。
- 急客户之所急，想客户之所想，真诚为客户服务。
- 无论交易是否达成，都要在会面结束时说声"谢谢"。

　　在我们身边，有很多销售员业绩不佳，很重要的一个原因就是他们对自己的客户缺乏最基本的感恩之心。在与客户达成交易之前，他们会对客户毕恭毕敬、有求必应，可是一旦完成交易或交易破裂，他们便会主动割断与客户的联系，而将目标放在下一位客户身上。这种缺乏感恩之情的做法，无疑会对客户造成严重的感情伤害，使得销售员失去进一步提升业绩的机会。

　　真正的感恩之情，是发自内心深处的，这种感恩之情不仅体现在销售员的语言上，还体现在行为举止上。当客户能够体会到销售员的感激之情时，他就愿意给予销售员更多的订单。一旦客户感觉被销售员轻视，他就会主动关闭合作的大门，销售员则会永远失去这个客户。

对于销售员而言，时刻感恩客户不仅是一种良好的心理状态，也是一种必备的销售能力。"谢谢"两个字虽然简单，却能真真切切地反映销售员的心态和素质。用得好，客户就会接踵而来；用得不好，客户便会转身离去。

细节回顾

- 感恩客户，不单单是嘴上说说而已，还要体现在行为举止上。
- 表达感恩之情，并非一时之功，而是要持续不断地让客户感受到销售员的感激之情。
- 常常说"谢谢"，不仅有利于销售员磨砺心态，还有助于销售员提升个人能力。

学习精进：销售员的成长方程式

▶ 你会通过哪些渠道学习销售知识？

▶ 你尝试过从竞争对手身上学习经验吗？

惠普前CEO卡莉·菲奥里纳曾说："在惠普，不只是我需要在工作中不断学习，整个惠普都有鼓励员工学习的机制。每过一段时间，大家就会坐在一起，相互交流，了解对方和整个公司的动态，了解业界新的动向。这些小事情，是能保证大家步伐紧跟时代、在工作中不断自我更新的好办法。"

现代社会中，各种新知识、新技能层出不穷，销售员所要面临的竞争和压力也越来越大。无论是从销售员个人成长的角度，还是从赢得客户、建立良好客户关系的角度，不断学习、不断汲取专业及非专业知识，都是一项十分重要且必要的任务。

实践已经不止一次地证明，优秀销售员往往具有更加强大的学习能力，对学习的关注程度较一般销售员也更高一些。可以说，顶尖销售员都是注重学习、善于学习的高手。通过学习，他们吸取别人的知识和经验，并不断培养自己的能力，由此减少犯错的次数，缩短摸索的时间，从而比一般销售员更高效、更快速地完成销售任务，获得事业上的成功。

在不断学习的过程中，销售员的见识随之不断增多，对各种情况的预见性和处理能力也逐渐增强。面对不同类型的客户，优秀的销售员总能找到相应的话题，并与客户展开良好的沟通，这种强大的交际能力，与销售员的见识和知识是分不开的。

只有不断学习精进，才能在机会来临时将它牢牢抓住，顺利赢得改变销售业绩甚至个人命运的机会。

玛丽出身贫寒，残酷的现实使得她在勉强读完高中之后，便被迫打工赚钱，补贴家用。

一个偶然的机会，玛丽成了一名机械厂的销售员。对于一个刚刚成年、初入社会的女孩子来说，独自与一些要求苛刻、善于钻营的客户打交道，难度着实不小。不过，玛丽并没有放弃。她积极向身边的前辈求教，努力与客户进行充分的沟通，并在业余时间报读了学习班。短短一年之后，玛丽就变成了一个兼具文化涵养和职业素养的优秀销售员，个人业绩也实现了极大的飞跃。

不过，玛丽并没有就此感到满足，也没有选择原地踏步。在她准备进一步学习，努力成为更高级别的销售从业者时，她才发现，当地竟然连一家正规和权威的培训机构都没有。玛丽忽然意识到，这是一个巨大的商机。于是，她通过之前积累的人脉资源，邀请了数位销售专业的名师，创办了一家高质量的培训机构。

由此，玛丽实现了从销售员到销售培训机构创办者的华丽转型，人生发生了巨大的转变。

所谓"逆水行舟，不进则退"，在行业竞争的"洪流"中，销售员如果不愿学习，那么很快就会被挤到"洪流"下游，并逐渐被行业淘汰。相反，如果销售员愿意随时充实自己，逐渐提升个人能力，不断获得成长，那么最终将会如愿成为优秀甚至顶级的销售员。

通常来说，销售员需要学习的知识应该涵盖专业范畴和非专业范畴。

• 专业范畴。产品相关信息、销售技巧、销售心理学知识等。

• 非专业范畴。礼仪知识、思维训练等。

对于销售员来说，随时给自己"充电"是一种必须具备的意识。借助书本、培训、社交等各种渠道进行学习，进而全方位地积累知识和相关经验，才能更好地在销售的过程中灵活自如地处理各种状况，不断提升个人的销售能力。通过不断的学习，销售员还能获得新的销售思路和灵感，为自己的销售之路创造另一种可能。

细节回顾

- 销售员需要学习包括销售技巧、礼仪知识等在内的专业及非专业知识。

- 向别人学习经验，是减少犯错次数、少走弯路的有效方法之一。

- 通过学习，可以开阔眼界，获得新的思维方式，创造新的销售模式。

好奇心：个人提升的原动力

▶你对好奇心有怎样的认知?

▶从哪些方面入手可以拓展好奇心?

　　对身边的人、事、物等，每个人都会有一定的猎奇心理。正是这种好奇心，促使人们不断探究未知的世界，了解和掌握更多的知识。

　　卡内基·梅隆大学的乔治·鲁文斯坦曾就好奇心提出"信息鸿沟"的理论，而部分神经学家对大脑的研究表明，鲁文斯坦的理论在神经学方面确实具有一定的应用价值。

　　按照鲁文斯坦的说法，好奇心其实十分简单：当我们觉得"我们已经知道的"东西与"我们想要知道的"东西之间存在差距的时候，好奇心自然就会出现。这种认知之间的差距，也就是信息鸿沟，会让我们觉得心里痒痒的。为了给心灵"挠痒"，我们往往会努力寻求新的知识，以填补大脑中的"空白"。

在如今这个高速发展的社会中，各种知识和信息以极快的速度进行更新，保持一颗好奇心是适应社会和寻求发展的必备要素之一。作为一名销售员，更应该积极关注和掌握各种信息的变化，如此才能开阔视野，跟上客户及社会的步伐。

在信息传播方式相对简单、信息传播速度较慢的时代，销售员是客户了解产品信息的主要甚至是唯一渠道，无论客户是否相信销售员所说的话，想要进行求证都是一件非常困难的事情。但是，随着科技水平的突飞猛进，客户了解产品信息的渠道也越来越多。即便没有销售员的推荐和讲解，客户也能通过网络看到成千上万的用户评论。

所以说，与之前相比，销售员已经无法轻松将达成或结束交易的主动权掌握在自己手中。现在想要说服客户购买产品，销售员显然需要做更多的事情。最基础的要求之一，就是销售员的知识储备要与客户处于同等水平。

这里所说的知识，不单单指销售员对自己及竞争对手的产品的了解，还包括时事资讯、经济发展趋势等。凡是可能影响客户购买决定的因素，销售员都应该加以研究和学习。毫不夸张地说，知识是建立客户信任的前提条件。试想，当客户提出的所有问题都被销售员一一解答的时候，客户还有什么理由对产品提出质疑呢？

　　当然，没有人能够做到无所不知，销售员也不例外。可是诸如自己对哪些东西感兴趣、什么东西能刺激自己的兴奋神经、客户的兴趣点在哪里等常规需求，销售员必须要进行探寻并完全掌握。它们是挖掘客户好奇心的起点，也是展开销售工作的基础所在。

　　想要拓展好奇心，让自己得到更高、更快的提升，销售员通常可以在以下几个方面做出尝试：

- 每天观看新闻报道，阅读感兴趣的或非虚构类的书籍。
- 通过各种渠道与同行加强交流，分享销售经验和新鲜资讯。
- 报学习班，弥补自己的短板，学习新的销售技能。
- 从身边的同事、朋友等入手，逐渐拓展自己的交际圈。

细节回顾

- 对于尚未知晓的东西，人们总是充满好奇心，猎奇心理是人们探索未知世界的动力。
- 对客户需求的好奇，促使销售员想方设法地挖掘需求，并竭尽全力地予以满足。
- 阅读、分享、学习、交际等，都是销售员提升个人能力的优良渠道。

可靠性：信赖感让客户认可度激升

▶ 在客户眼里，可靠性意味着什么？

▶ 销售员应该怎样做，才能赢得客户的信赖？

当我们用"可靠"形容一个人的时候，往往说明这个人已经赢得了我们的信赖，无论交给他什么样的工作，或是委托他做什么事情，我们都会百分之百地放心，相信他可以如约达成我们的要求。

对于"信赖"的定义，每个人或许会有不同的认知，但是持之以恒地遵守承诺能够激发别人的信任感，这一点是毋庸置疑的。在一次次遵守承诺的过程中，别人对你的信任程度会不断增加。而随着信任程度的加深，你的观念也会发生巨大的转变。

销售员在做推销的过程中，不仅是在销售产品，还是在销售自己和公司的形象。信守承诺、诚实可信，是销售员立足的根本。那些让客户感觉可靠的销售员，往往具有以下特征：

- 做事情时总是提前做好准备工作，严格遵守约定时间。

- 不轻许诺言，但是一旦承诺，必然信守诺言。

- 销售过程中始终充满热情。

- 积极主动地工作，不会等着别人催促。

- 对于应该承担的责任，绝不推脱。

- 始终如一地表现出色，赢得别人的认可。

可靠性较高的销售员，让客户觉得他能够遵守承诺和时限，对销售的产品有较强的责任感，客户无须为产品质量或售后服务心生忧虑。想要成为一名值得客户信赖的销售员，为自己赢得良好的口碑，销售员要在以下几个方面多做努力。

1. 说到做到，不要把承诺变成空话

答应客户的事情，就一定要做到。无论是递送宣传单、上门送货，还是售后服务，只要许下了诺言，就要竭尽全力去兑现。

2. 及时回应客户

与客户约定某件事情之后，销售员要在第一时间给予回应，以便让客户吃下"定心丸"。客户感觉不安心，自然就无法对销售员产生信任感。

3. 力所能及地做出承诺

做出的承诺太多，或承诺超出自己能力范围的事情，会让销售员承受巨大的压力，心理和身体都会受到影响。一旦承诺无法兑现，客户对销售员的信任度无疑会降低。

4. 给客户现实的期待

有一种说法是，在人际交往中，信赖建立于对现实的期待之上。与眉飞色舞地向客户介绍产品的使用方法相比，让客户对产品的性能产生一种现实的期待显然更加重要。夸大产品的价值或无法向客户展示他们期待的东西，都会削弱客户对销售员的信任感。

必须承认的一点是，销售员的可靠性对客户的购买决定有着非常重要的影响作用。当客户因销售员的可靠而产生信赖时，销售员所说的话、所做的事，都会得到客户较高的认可，这对交易的达成有着积极的促进作用。

细节回顾

- 销售员能做到持之以恒地兑现自己的诺言，客户的信赖度会随之不断升高。
- 销售员对客户做出的承诺应在自己的能力范围内，如果无法如约兑现诺言，要及时与客户沟通。
- 客户希望得到一些实实在在的东西，销售员给出承诺时要立足实际，万万不可夸大其词。

虚心求教：能力持续提升的"利器"

▶在工作过程中，你会虚心向别人请教吗？

▶你能从那些学历不如你的人身上发现优点吗？

　　孔子说过："三人行，必有我师焉。"每个人身上都有别人所不具备的优点，通过虚心求教，可以从别人身上学到知识和经验，让自己少走弯路，从而更快地提升。可以说，虚心求教是每个人都应具备的基本素质。尤其对于销售员来说，无论是前辈们的失败经验还是成功案例，都是极好的学习素材，言传身教之中，个人的能力会有更快、更好的提升。

　　相信很多人在小时候都有一个当老师的梦想，因为课堂上的老师总是给人一种博学、崇高的印象。即便长大之后理想并未成真，很多人的内心深处也依然希望自己可以为别人"传道、授业、解惑"。这种"为人师"的渴望，是很多人普遍存在的心理。销售员虚心向人求教，不仅可以满足被求教者"为人师"的心理，还体现了自己的良好素质，可谓一举两得。

邓恩在一个小镇上开了一家电器商行，生意一直不错。

一天，一张陌生面孔走进了商行。邓恩赶忙迎上去，询问之后得知来人想要买一台留声机。

邓恩向那个人推荐了几款，可是对方都不太满意。邓恩发现，那个人对留声机似乎很有研究，于是让他留下电话，以便新款机器到货的时候跟他联系。这时他知道，那个人叫卡特。

几天之后，一款新型留声机到货，邓恩第一时间给卡特打了电话。

"上次您来看留声机的时候，我就发现，您对留声机很有研究。虽然我一直在售卖，可是对它了解并不多。正好店里新到了一款留声机，还请您过来看看，我也好向您学习学习。"

"学习倒谈不上，我只是很喜欢用留声机听歌罢了。"

"您不用这么谦虚。麻烦您过来一下，看看这款留声机是否符合您的心意。"

卡特很快来到电器商行，亲自操作了一番，感受了一下留声机的音质。

"您觉得怎么样？"邓恩恭敬地问卡特。

"还可以吧，比之前那几款好多了。"

"那您觉得这款留声机值多少钱？"

"2000美元左右吧！这个价格还是可以接受的。"

"看您这么内行，好吧，1800美元卖给您，您觉得怎么样？"

"好的，成交。"

就这样，这笔生意顺利成交了。

销售员虚心向客户求教，便将客户放在了老师的位置上。身处较高的位置，客户会更多地表现出宽容、大度的一面，并放松心理上的戒备，不自觉地接受销售员提出的条件。

对于销售员来说，向客户虚心求教是促成交易的有效手段。而在日常生活中，多运用"我想知道""请教一下""我不是很明白，您再跟我说说"之类的话语，往往可以让沟通对象敞开心扉，畅所欲言。尤其是在对方比较擅长的话题上，促进效果会更加显著。而且，当销售员将别人视作"老师"时，他们必然会对销售员照顾有加，凡事都站在销售员的角度思考。

不失礼节地向人求教，对方往往会满怀热情地给予帮助，甚至会倾囊相授。所以说，懂得虚心向别人求教的人，往往更能赢得人心，也更容易获得知识和经验。对于销售员来说，这是一条不断成长的捷径。

细节回顾

- 虚心求教是销售员应该具备的一种基本素质,求教越多,成长就越快。

- 虚心的态度让人感觉舒心,更愿意敞开心扉,销售员也就有了更多深入交流的机会。

- 销售员的成长,离不开身边人的帮助和扶持,越是虚心,得到的帮助就越多。

课后习题

细节辨析

认真阅读下列陈述，辨析所述细节是对还是错。

1. 每一位客户都值得销售员感恩，无论交易达成与否。

2. 对于销售员来说，掌握专业知识足够应对销售难题。

3. 好奇心是驱使销售员不断探索的动力。

4. 无论客户提出什么要求，销售员都要应承下来，能不能兑现以后再说。

5. 有些客户不懂装懂，没必要向他们虚心求教。

技能测试：你具备成为优秀销售员的特质吗

一些专门针对销售员进行的调研结果表明，某些关键性格特质会对销售员的销售风格及最终业绩产生直接的影响。试着回答下面的测试题，看看你是否具备成为优秀销售员的特质。

1. 我已经写下了自己设定的目标。（是　否）

2. 我是一个能够自我激励的人。（是　否）

3. 我渴望与客户建立密切的关系。（是　否）

4. 我很喜欢自己。（是　否）

5. 我非常渴望挑战。（是　否）

6. 我能以积极的心态看待拒绝。（是　否）

7. 我是一个忠诚的人。（是　否）

8. 我是一个遵纪守法的人。（是　否）

9. 我的感知能力非常不错。（是　否）

10. 我总是努力地工作。（是　否）

11. 我能够百折不挠。（是　否）

12. 我具有很好的自律能力。（是　否）

13. 我有十分强烈的求知欲。（是　否）

14. 我渴望在经济方面独立自主。（是　否）

15. 我善于与人沟通。（是　否）

16. 我很善于倾听。（是　否）

17. 我总是充满热情。（是　否）

18. 我能把细节问题处理好。（是　否）

19. 我希望赢得胜利。（是　　否）

20. 我懂得关爱别人。（是　　否）

21. 我对自己充满信心。（是　　否）

（计算方法）

分别计算答案中"是"和"否"的总个数。

（测试结果解析）

0～9个"是"，说明你并不适合从事销售工作。

10～14个"是"，说明你有向两极发展的可能。（假如你在知识、热情、自信、坚持等方面回答了"是"，那你很有可能成为一名优秀的销售员。）

15～21个"是"，说明你已经具备了足够成为优秀销售员的特质。

细节辨析答案

1. 对。

2. 错。销售员需要学习的知识应该涵盖专业范畴和非专业范畴。

3. 对。

4. 错。销售员要在力所能及的范围内许下诺言，因为一旦无法兑现，销售员的可靠性就会被质疑。

5. 错。任何人身上都有值得学习的优点，不要把目光放在客户的缺点上。

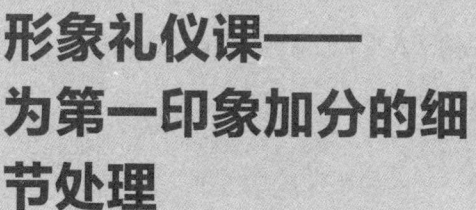

形象礼仪课——为第一印象加分的细节处理

第三章

一个人的外在形象会反映出他特殊的内涵，倘若别人不信任你的外表，你就无法成功地推销自己。

——乔·吉拉德

出门照镜子：涉及外表的9项原则

▸ 一个人的外表，对他给别人留下的第一印象有什么影响？

▸ 整理外表的意义和方法有哪些？

通常来说，在初次见面时，人们会根据一个人的外表来判断这个人，进而形成第一印象。在销售行业中，良好的外表对于销售员来说尤为重要。

在日本销售界，流行着这样一句话："想要成为一流的销售员，首先要从自身的仪表修饰做起。"作为一名销售员，如果仪表不过关，就意味着无法给客户留下良好的印象，那么客户往往很难对销售员推销的产品产生兴趣。

"日本推销之神"原一平曾经拜访美国大都会保险公司，这家公司的副总经理问他："拜访客户之前，你觉得哪项准备工作是最重要的？"

　　"最重要的工作是照镜子。"

　　"照镜子？"

　　"没错，就是照镜子。你面对镜子的时候，要像面对自己的客户一样。在镜子中，你能看到自己的表情和姿势；在客户的反应中，你同样能看到自己的表情和姿势。"

　　在拜访客户的过程中，每个销售员都想给客户留下良好的第一印象，这一点毋庸置疑。而良好的外表，包括整洁的服装、搭配得当的饰品等，都会让客户对销售员产生积极的看法。外表修饰得越好，越能体现销售员的自信心，也越能让客户产生好感。

　　美国最成功的推销员之一弗兰克·贝特格说过："外表的魅力能让你无论在什么地方都更受欢迎，而不修边幅的销售员在给别人留下第一印象时就让自己失去了主动权。"所以说，销售员在出门会见客户之前，一定要将自己好好打扮一番，因为干净整洁的外表，能让自己看起来更加精神抖擞。

　　关于整理外表的意义及方法，原一平曾经根据自己50年的推销经验做出过总结，主要内容是以下9条原则：

　　• 外表决定着别人对你的第一印象。

- 外表象征着你的魅力指数。

- 外表能够彰显你的性格特征。

- 对方常常根据你的外表来决定是否跟你交往。

- 整理外表的目的之一，是让对方一眼就能看出你是哪一类人。

- 认真整理外表，能让你的优点更突出。

- 无论站姿、走姿、坐姿，基本的要领都是脊椎挺直。

- 小腹收起，让你看起来精神更足。

- 走路时，脚尖要伸直，不能往上翘。

作为一名销售员，任何时候都不能疏忽自己的外表。要知道，外表不仅体现销售员的品位和素质，也代表着公司的形象。想给客户留下良好的第一印象，就要抓住外表这一细节，通过良好的表现获得客户的认可和喜爱。只有这样，客户才会对销售员产生良好的印象和更多的信任，交易才能更快、更顺利地达成。

细节回顾

- 在第一印象产生的过程中，外表占据着非常重要的位置。

- 良好的外表，让销售员更显精神和自信，也让客户产生更多信赖感。

- 外表好坏这一细节，影响客户对销售员及销售员所在公司的判断。

微笑是一封美妙的心灵介绍信

▶微笑有哪些作用，你清楚吗？

▶你会以怎样的方式向客户展开微笑这封心灵介绍信？

　　拿破仑·希尔说过："真诚的微笑，就像神奇的按钮一样，能立刻接通他人友善的情感，因为它的意思是'我喜欢你，我希望和你做朋友'。"微笑具有神奇的魔力，能传递出友善的情感。试想一下，如果有两个人同时站在你的面前，一个人面带微笑、和蔼可亲，一个人面沉似水、冷若冰霜，你会更喜欢哪一个人呢？

　　心理学家也认为，微笑有助于迅速拉近彼此的距离，从而快速赢得沟通对象的好感。销售员面带微笑地与客户沟通，体现出了希望交谈有积极结果的意愿，对客户有一定的感染作用。客户看到销售员满含笑意的脸，会产生更多的亲切感和认同感。

　　可以说，销售员的微笑，是一封美妙的心灵介绍信，信的主要内容就是"我心怀善意，希望能与你真诚地交流"。在推销的过程中，微笑能够起到的作用，往往超出一般人的想象。

原一平从事保险推销工作之初，也没有什么客户，但是他在工作过程中逐渐找到了销售诀窍——微笑。

每一次去拜访客户时，原一平都不会第一时间走进客户的办公室，而是先到洗手间。他用力把两只手搓热，然后把手紧贴在自己的脸颊上，使劲往上推，直到在镜子里看到自己露出了32颗洁白的牙齿，展现出最美丽的笑容时，他才告诉自己，可以去敲客户的门了。

在推销保险的过程中，原一平把自己的微笑发挥到了极致，这对他最终成为世界著名的推销员产生了极大的促进作用。

有人评价说"原一平的微笑价值百万"。从中可以看出，微笑在原一平的工作中确实发挥着举足轻重的作用。关于微笑，原一平说："不管我认不认识，当我的眼睛一接触到人时，我都会要我自己先对对方微笑。"他是这样说的，也是这样做的。

为了让笑容看起来更自然、真诚，原一平专门训练过自己的微笑，并根据自己的经验将笑分为了38种类型。他认为，世界上最美丽的笑容是发自内心深处的真诚笑容，它应该像婴儿的笑那般天真无邪，散发出甜美、真诚的魅力，让客户根本无法拒绝。关于微笑的作用，原一平也做出过总结，共有10条：

- 准确将友善和关爱传递给准客户。

- 消除双方的戒心和不安，打破沟通僵局。

- 感染客户，营造和谐的沟通氛围。

- 建立客户对销售员的信赖感。

- 给客户带去快乐。

- 让客户敞开心扉，有助于洞察客户的心理。

- 消除双方的芥蒂和误会。

- 让销售员变得更加自信。

- 让销售员的外表变得更加迷人。

- 让销售员充满青春活力，有益健康。

微笑是销售员必不可少的心灵介绍信，也能为销售员省掉很多程序性的介绍及麻烦。当销售员面带微笑地出现在客户面前时，客户心中的防备已经放下了大半。当然，能够赢得客户的微笑也不是那么简单的。只有真诚地微笑，才能表现出较高的亲和力，才有助于建立起融洽的沟通氛围，让客户满心欢喜地敞开自己的心扉。

细节回顾

● 微笑代表着善意，体现了销售员渴望与客户进行良好沟通的意愿。

● 微笑是一封美妙的心灵介绍信，它所反映的是销售员的内心世界。

● 原一平将笑分为38种类型，每一种笑都有独特的含义，掌握这些
细节才能"笑"出销量。

握手礼仪：宣示保证、信赖及契约

▶与客户握手的时候，你经常采取什么样的方式？

▶与客户会面握手时，是不是每次都应主动先伸手？

在销售行业中，握手是一种非常普遍的礼仪。销售员每次与客户会面时，几乎都会加以运用。握手不仅表达了销售员对客户的问候之意，还宣示了保证、信赖及契约的含义。作为一个细节性的动作，把手握好是销售员必须掌握的礼仪之一。

虽然握手的动作看似简单，但是其中蕴含的学问及禁忌是颇多的。

1. 握手方式反映人的性格

相关专家的研究表明，握手方式能够反映出一个人的性格特征。

握手方式	性格特征
力量很大	喜欢逞强且相对自负，同时十分直率而坚强
稍显消极	行事小心，因循守旧
轻轻接触一下	大多比较内向，常常情绪低落，被悲观情绪困扰
略有迟疑	大多性格内向，缺乏判断力，且犹豫不决
例行公事	通常做事草率，没有足够的诚意
气力不足	往往意志不坚，通常稍显软弱，缺乏干劲和魄力
双手握住别人	不拘小节，对礼仪、规矩等有逆反心理，喜欢我行我素
规律性地上下摆动	精力充沛、亲切、随和，做事很有魄力，往往言出必行
紧紧握住别人	大多比较冷漠，有时甚至非常残酷

2. 握手的场合和时机

通常来说，握手的力度、方式等并非一成不变的。在与客户会面的过程中，销售员要根据时机和场合，如与客户的关系、现场的氛围、客户的情绪等随时进行调整。

一般情况下，以下几种场合并不适宜握手：

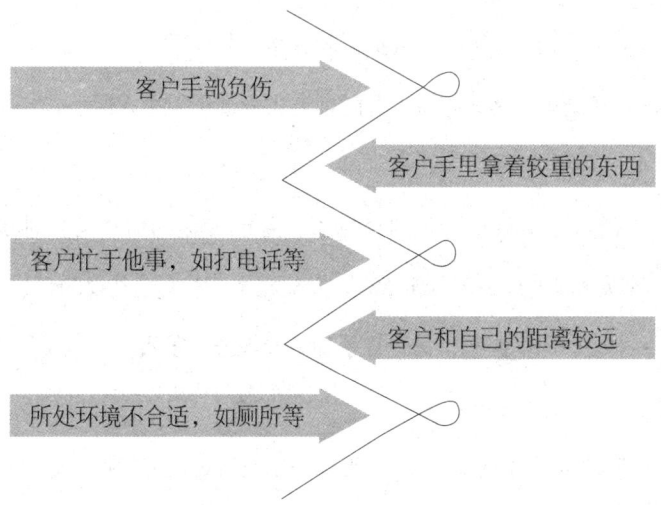

3. 握手时伸手的次序

握手动作看似简单，但是在不同的场合，谁先伸手也是有很多讲究的。通常来说，应该遵循"尊者决定"的原则。在公务场合，伸手的次序取决于职位和身份；在社交、休闲场合，则取决于年龄、性别及婚姻状况等。具体而言，有以下8条常见规则：

- 职位、身份不同的人握手，职位、身份高者先伸手。
- 女士和男士握手，女士先伸手。
- 年龄不同的人握手，年长者先伸手。
- 辈分不同的人握手，长辈先伸手。
- 已婚者和未婚者握手，已婚者先伸手。

- 在社交场合中，先到者和后到者握手，先到者先伸手。

- 会客开始，主人和客人握手时，主人先伸手。

- 拜访结束，客人起身离开时，客人先伸手与主人握手。

4．握手的禁忌

在销售工作中，握手司空见惯，它能传递的信息是多种多样的，所以在握手时应该多加留心，以免犯下一些有违礼仪的禁忌。

- 不要一只手握手，另一只手却拿着报纸等东西不放，或是插在口袋里。

- 与别人握手时，不要表现得争先恐后，要按照一定的顺序进行。

- 不要握着别人的手前后左右地晃来晃去。

- 不要只是握住对方的手指尖，也不要只递给对方自己的手指尖。

- 不要在握手时发表长篇大论，也不要表现得过于谦卑。

- 不要用脏兮兮的手与人握手，也不要在握手之后立刻擦拭自己的手。

- 不要迟迟不握别人伸出的手，也不要一边握手一边左顾右盼或与其他人打招呼。

- 在没有眼疾或眼部缺陷的情况下，不能戴着墨镜和别人握手。

• 某些情况下，女士可以戴着薄纱手套与人握手。男士在任何情况下都不能戴着手套握手。

销售员的握手礼仪，能够体现他的内在修养和个人素质。恰当、得体的握手礼仪，能让客户对销售员产生良好的印象，为销售员的第一印象加分，对销售成功有一定的促进作用。相反，一旦犯了握手的禁忌，也可能导致交易失败。所以说，销售员一定要对握手礼仪加以足够的重视。

细节回顾

- 从握手方式中，可以看出客户的性格特征，抓住这一细节，销售员可以更加有的放矢地展开销售工作。
- 握手的场合、时机、伸手次序等，都是握手礼仪的重要组成部分。
- 握手也有禁忌，错误的握手方式会对交易产生负面影响。

精致名片：展现自己的一方舞台

▶ 你的名片，一般如何存放？

▶ 你有想过如何为自己设计一张精致的名片吗？

在销售行业中，名片是销售员随身携带的一种交际工具。与客户沟通的过程中，销售员将名片递送给客户，不仅起到了友好地自我介绍的作用，还建立起了与客户沟通的纽带。

无论是对销售员还是对客户来说，这条纽带都是有益的，能够实现双赢的效果。就销售员而言，当客户想要购买某种产品或服务时，他可能会在第一时间去找名片，寻找相关信息，而没有留下名片的销售员，无疑失去了一次机会；就客户来说，通过名片找到合适的销售员及产品或服务，既节约了时间，也因有过联络而和销售员产生了亲密感，这种心理上的亲密感会成为客户获取优惠条件的重要资源。

乔·吉拉德曾说："如果在众多推销工具中要我选择一种的话，我可能会选择名片。"可见，名片对销售员有着十分重要的意义。想要使名片充分发挥积极的作用，销售员必须掌握相关的礼仪。

1. 存放本人名片的玄机

把随身携带的名片放在上衣口袋或后侧裤袋都是一种失礼的行为，而应该放在精致的名片夹里。穿西装时，名片夹可以放在内侧口袋里；不穿西装时，名片夹可以放在随身携带的包里。

名片应该保持整洁、完整。如果将一张破损或污浊的名片递给客户，只会让客户产生糟糕的第一印象。

2. 递送名片的时机

如果是初次结识，并且是有联系价值的客户，可以在结识之初便递上名片，以便客户了解自己的基本情况；如果是与客户约好会面，可以在辞别时递上名片，以便加深客户的印象；如果是在中间人的介绍下开始接触，可以在临别之际递上名片，这样会更加自然一些。

无论身处何种场合，在用餐时递送名片都不是明智的选择，因为影响客户进餐是一种无礼的行为。

3. 索要名片的注意事项

销售员希望得到客户的名片时，应该主动向对方表达交换名片

的意愿，然后主动递上自己的名片。索要名片时，销售员的态度应
该温和，用语应该婉转。

4. 交换名片的规矩

交换名片时，一般的原则是地位低者先向地位高者递送，男性
先向女性递送。

销售员递送名片之前，应该先与客户打招呼，让对方有所准
备。递送过程中，销售员应该恭敬有礼、面带微笑。客户不止一
个时，应该先将名片递送给职务较高或年龄较大者；分不清职务
高低和年龄大小的情况下，则应该按照由远及近的顺序将名片递
送出去。

销售员递送名片时，应该将有字的一面向上，且反向对着自
己，以便客户观看。

5. 接受名片的礼仪

接受名片时，销售员应该停下手中的工作，毕恭毕敬、面带微
笑地用双手接过对方递过来的名片，并从头至尾默读一遍，以示尊
重，然后细心地将名片保存起来。

接受对方的名片之后，销售员应该立刻回递给对方一张名片。
如果没有名片或者名片用完了，要向对方做出解释。

6. 保存别人名片的方法

接受别人的名片之后，切不可立即将名片塞进口袋中，也不可

随意摆弄或到处乱放，这些做法透露出轻视的意味，会引起对方的反感。

正确的做法是：将名片谨慎、小心地放在名片夹、公文包内或办公桌上，且注意与本人的名片区分开来。

名片虽小，却是销售员展现个人形象的舞台。它不仅能直观地展现销售员的身份职位、联系方式、工作性质、业务范围等，还能体现销售员的礼仪水准。实事求是地说，名片作为一种商业礼仪的载体，自然有其特殊的功用。即便现代化的科技手段层出不穷，也无法完全替代名片。所以，销售员一定要对自己的名片有充分而准确的认识，以便让它有效发挥作用。

细节回顾

· 名片是联结销售员和客户的纽带，这条纽带对双方都有益处。

· 在递送、索要、交换、接受名片的过程中，有许多细节需要注意，稍有不慎，就会影响销售员的个人形象。

· 名片虽小，却能展现销售员的个人信息和礼仪水准，它是销售员不能忽视的细节之一。

目光信号：准确传递沟通信息

▶ 与客户沟通时，你的目光习惯于停留在什么位置?

▶ 谈到不同的话题时，你知道目光应该如何变化吗?

　　德国心理学家梅赛因说："眼睛是了解一个人的最好工具。"
目光是一种无声的语言，能够传递出语言难以表达的意义和情感。
它能真实地反映一个人的内心世界，也能有效体现一个人的素养和
修为。

　　作为一名销售员，无论面见的是新客户还是老客户，无论是
偶然相遇还是约好会面，都应该通过目光去传递准确的沟通信息。
想要给客户留下良好的印象，销售员就应该学会充分运用目光的力
量，传递出真挚、亲切、友好的感情。一名优秀的销售员，目光不
仅应该坦然、亲切、炯炯有神，在运用目光时也应该符合相关的礼
仪标准。

1. 目光注视范围

与客户沟通时，销售员视线的停留位置是有讲究的。销售员注视的区域应该限于上至客户额头、下至客户衬衫的第二颗纽扣、左右两边至两肩纵向延长线这个范围之内。在这个范围内，通常有两种注视方式：

公务注视

◎通常用于洽谈业务、磋商交易、贸易谈判等场合，注视的位置在客户的双眼和额头之间的"上三角"区域。

社交注视

◎通常在社交场合，如舞会、晚宴上使用，注视的位置在客户的双眼和嘴唇之间的"下三角"区域。

2. 目光注视时间

销售员在与客户沟通的过程中，一眼都不看对方，显然是失礼的表现，但是长时间地盯着客户看，也不符合礼仪要求。通常来说，注视客户的时间应该占据全部沟通时间的1/3左右，其余时间则应该注视对方面部以外5～10厘米的地方，这样沟通起来会比较自然、有礼。

3. 目光注视角度

销售员注视客户时，既要便于工作，又要不至于引起客户误

解，所以保持正确的注视角度便显得十分重要。通常来说，销售员
注视客户的角度有以下四种：

正视

◎注视客户的时候，销售员与客户正面相向，且身体前倾。
这是一种基本礼仪，蕴含重视的意味。

平视

◎注视客户的时候，销售员的目光与对方处于相似高度。这是
一种常见的注视方式，蕴含着地位平等和不卑不亢的意味。

仰视

◎注视客户的时候，销售员的位置要比客户低一些，需要抬头仰
视对方。这种注视方式会让客户产生信任、被重视的感觉。

环视

◎做促销活动或产品演示时，销售员要同时为多位客户服务，环
视的方式能够多方兼顾，体现善解人意的优质服务水平。

4. 目光随谈话内容而变

在与客户沟通的过程中，销售员的目光应该随着谈话内容的改
变而相应地改变。具体表现如下：

- 征求客户的意见时，要用期待的目光。
- 询问客户身体或其家人近况时，要用关切的目光。

- 对客户所说的话产生兴趣时，要用关注的目光。

- 在得知客户带来好消息时，要用惊喜的目光。

- 客户表现出支持、合作的意向时，要用欣喜的目光。

- 打断客户的话、提问或转移话题时，要用抱歉的目光。

- 与客户分别时，要用依依不舍的目光。

对于销售员来说，目光交流是沟通过程中的重要组成部分，准确而恰当的目光信号，能够传递出积极的信息，给客户留下良好的印象。反过来说，不当的目光信号，则容易让客户产生误解甚至是反感，进而对销售工作产生消极的影响。

细节回顾

目光能够真实反映一个人的内心世界，做好这一细节，更容易走进客户的心里。

目光注视的范围、时间、角度等，都是目光礼仪的重要组成部分。

谈话内容不同，目光也应有所不同，其中细节性的变化，需要销售员好好学习和掌握。

课后习题

细节辨析

认真阅读下列陈述，辨析所述细节是对还是错。

1. 销售成功与否，与销售员的个人能力关系密切，外表不会对销售产生太大影响。

2. 销售员面带微笑地与客户会面，会让客户产生更多的亲切感。

3. 与客户握手时，销售员一定要积极主动，以示自己的热情和尊重。

4. 名片是一种重要的交际工具，销售员应该对名片礼仪加以重视。

5. 不同的目光，能够传递不同的信息，销售员不可乱用目光信号。

6. 时常说"我"只是一种语言习惯，客户不会对此产生过多关注。

技能测试：你销售前的准备工作做得如何

一次成功的销售，必然离不开精心的事前准备。甚至可以说，准备工作的好坏，对销售成败有着决定性的影响。试着回答下面的测试题，看看自己销售前的准备工作做得怎么样。

1. 对于产品的特性和功能，你了解多少？

    A. 都很了解

    B. 对部分产品有所了解

    C. 粗略了解一些情况而已

2. 对于市场上的同类产品，你有所了解吗？

    A. 十分清楚

    B. 了解一点

    C. 完全不清楚

3. 你使用过自己销售的产品吗？

    A. 经常使用

    B. 偶尔使用

    C. 从来没用过

4. 拜访客户之前，你会试着了解客户的基本情况吗？

    A. 当然，这是必须要做的工作

    B. 偶尔会了解一下

C. 从来不做这项工作

5. 你能通过客户的信息去发现客户的潜在需求吗？

A. 一般都能发现

B. 偶尔可以发现

C. 总是发现不了

6. 对于销售工作，你有详细的计划吗？

A. 一直都有

B. 有时有，有时没有

C. 从来不做计划

7. 拜访客户之前，你会做销售演练吗？

A. 每次都要演练一下

B. 偶尔会演练一下

C. 从来不做演练

8. 推介产品的时候，你会给客户做演示和示范吗？

A. 大多数情况下都做

B. 偶尔会做

C. 从来不做

9. 对于产品示范的流程，你熟悉吗？

A. 十分熟悉

B. 稍有了解

C. 完全不熟悉

10. 为了让产品示范效果更好，你会事先准备示范工具吗？

A. 每一次都准备

B. 想起来就准备

C. 从来不准备

[计算方法]

A、B、C选项对应的分值分别是5分、3分、0分，将各题得分相加，计算出总分。

[测试结果解析]

30分及以下：说明你销售前的准备工作存在很大的缺陷。

31～45分：说明你销售前的准备工作在某些方面存在一些不足，需要检查和弥补。

46～50分：说明你销售前的准备工作做得非常细致、出色，要继续保持。

[细节辨析答案]

1. 错。客户会根据外表对销售员做出判断，第一印象不好就意味着交易失败了一大半。

2. 对。

3. 错。握手有相应的礼仪要求，并非任何时候都要主动握手。

4. 对。

5. 对。

6. 错。销售员的一言一行都会对客户产生潜移默化的影响。

销售对象定位课——了解客户需求的细节处理

第四章

4

客户真正购买的不是商品，而是解决问题的办法。

——特德·莱维特

全身心倾听，客户会主动透露更多信息

▶ 你是否知道倾听有几个层次？

▶ 如何在倾听过程中了解客户的需求？

　　戴尔·卡耐基说过："在生意场上，做一名好听众远比自己夸夸其谈有用得多。如果你对客户的话表现出兴趣，并有急切地听下去的愿望，那么订单往往会不请自来。"在销售过程中，销售员不仅要能说会道，更要有一双善于倾听的耳朵。

　　对于销售员来说，客户就是自己的上帝，为客户提供适当的产品和服务，尽量满足客户的需求，是销售员的本职工作。而要满足客户的需求，首先要做到的就是详尽地了解客户有何需求。想要掌握客户的需求信息，倾听客户的心声是一条简单、直接的途径。

　　博恩·崔西认为："在销售对话中成为一个好听众的能力，可能是新销售模式中一门最重要的、有含量的技术。假如销售员足够积极、诚挚地倾听客户所说的话，那么他的推销过程将会变得更加容易，他的收入也会随之迅速提高。"直接倾听客户诉说需求，免去了信息传递的中间环节，无形中降低了事实被误读或扭曲的风险，加快了销售的速度。

博恩·崔西刚刚进入销售行业时，常常和一位名叫里昂·卡汉的同事一起去拜访客户。他发现，在与客户沟通时，里昂会把身体向前倾，并且十分专注地看着客户。客户说话的时候，他会再向前倾一些，一边听一边点头，而且时不时地对客户报以微笑。客户说话的整个过程中，里昂都不曾插话，只是安静地倾听。

后来，里昂成为最优秀的推销员之一。博恩·崔西认为，里昂是他见过的最会在销售中倾听的推销员，他从里昂那里学会了如何倾听客户的心声。

销售员能够收集到多少客户的信息，能够了解多少客户的真实需求，与其倾听的程度和方法有着非常紧密的关系。在施莱辛斯基看来，普通推销员在推销产品时，有70%的时间是在自说自话，只有30%的时间留给客户阐述自己的观点；优秀的推销员则不然，他们会把70%的时间留给客户，让客户说，自己听，剩下30%的时间用来适时提问、赞美等。

想要学会真正的倾听，从而走进客户的内心世界，了解客户的感受和想法，销售员需要掌握以下几点：

• 密切关注客户说的内容，不因客户的语病、口音等分心。

• 专注于分析客户想要表达的观点，以及如何在后续沟通中利用这些信息。

• 不随意打断客户的发言，并保持一定的目光交流。

• 适当做笔记，以便为自己的发言收集素材。

• 准确掌握并理解客户的观点之前，不轻易给出答复或承诺。

• 不对客户的观点妄加评论，而是给客户解释的机会，让他自己说出重点所在。

对于销售员来说，做一名忠实的听众，全身心地倾听客户的心声，了解客户的真实需求，往往更容易得到客户的信任，也更容易得到自己想要的信息。按照影响倾听效率的特征进行分类的话，倾听可以分为下面四个层次：

1. 心不在焉地听

倾听者没有注意讲话者说的是什么，心里在考虑别的事情，或者只是想着反驳，是一种很不好的倾听方式。

2. 消极被动地听

倾听者只关注讲话者所说的内容，却没有关注讲话者的肢体语言，所以常常出现错误，失去了真正交流的机会。

3. 积极主动地听

倾听者对讲话者所说的内容及肢体语言都有所关注，但是很少提问、互动，是否真正理解讲话的意图，令人生疑。

4. 有同理心地听

倾听者不是用耳朵听，而是用心去听，能与讲话者进行目光、肢体等在内的全面交流，可以深刻理解讲话者的真实意图。

原一平曾说："对销售而言，善听比善辩更重要。"销售员只有通过倾听，才能获取客户更多的信息，掌握客户的需求，从而展开有针对性的销售。作为销售员，必须要谨记一点：有的时候，听比说更重要。

细节回顾

- 销售员只有尊重客户表达想法的权利，满足客户想要表达的欲望，沟通才能更顺畅。
- 优秀的销售员能借助倾听来了解客户的需求，进而有的放矢地给予其适当的产品或服务。
- 不同的倾听方式，能够带来不同的倾听效果，每个销售员都应努力追求较高的倾听层次。

抓看点：利用利益关键点找到客户的需求

▶ 你知道客户购买产品的本质原因是什么吗？

▶ 如何通过利益关键点寻找客户的需求？

　　博恩·崔西说过："在销售中，不要推销产品，而是要推销产品带给客户的好处。"可见，无论销售员推销什么产品，从本质上讲，都是在推销产品能给客户带来的利益和价值。反过来也可以说，只有产品附带的利益能够满足客户的某种需求，才能打动客户，赢得客户的认可。

　　趋利避害是人类的本能，任何人都无法摆脱这一规律和现实。销售员在寻找客户需求的过程中，可以从趋利这一点入手，抓住客户求利的心理，吸引客户的眼球，将利益这一看点作为打动客户的撒手锏。

皮特是一家涂料厂的销售员，每天奔波在推销的路上。

一天，皮特发现自己的邻居在装修房子。于是，他走过去向邻居打招呼。

"嗨，麦基。装修用的涂料选好了吗？"

"还没有，你有什么推荐吗？"

"我想想。咱们这个地方空气比较潮湿，坚固耐用、不易脱落的涂料应该是首选。"

"嗯，我也这么想。"

"房子装修完，一切如新，涂料的光泽保持的时间要长。"

"你说得太对了！我就想要这样的涂料。"

"那可真是太巧了，我们公司最近刚刚研发了一款符合你要求的涂料。你要不要试一下？"

"太好了！我当然要试一试。"

营销大师特德·莱维特说："客户真正购买的不是产品，而是解决问题的办法。"客户决定是否购买产品时，关注的并不是产品的外观，而是产品能否给他带来相应的利益，他的需求能否通过产品得以满足。

作为销售员，向客户推荐产品时，首先应该抓住客户最关心的利益，并将客户购买产品之后能够得到的利益——展现在客户面前。一旦客户被产品的看点吸引，他们就会对产品多一份认同，他们的购买决心便会随之增强，从而促使交易顺利达成。

客户对利益的追求是他们做出购买决定的重要推动力，销售员不但要向客户提供他们所需要的利益，还要表现出对客户利益的深切关注。只有销售员真心实意地帮助客户，为客户提供真实、有效的信息时，客户才会认真考虑购买产品的提议。

细节回顾

- 客户购买产品，关注的重点是产品能给他们带来什么样的利益和价值。

- 找到客户关注的利益重点，也就找到了客户的需求，这是销售员突破销售瓶颈的要点。

- 客户对利益的关注，是无法掩饰和避免的。抓住这一细节，销售员就能赢得客户。

挖痛点：帮客户发现他所不知的需求

▶ 客户对自己的某些需求能够做到了然于胸吗？

▶ 如何挖掘痛点，才能更好地满足客户的需求呢？

现代销售行业中，痛点是一个出现频率很高的词。客户对它深恶痛绝，销售员则对它紧抓不放。

所谓痛点，就是客户最痛的需求点，即客户最想得到满足的需求点。客户之所以厌恶，是因为痛点难以满足，或是曾给客户带来了不良的消费体验。销售员紧抓不放，是因为如果能找到客户的痛点，并通过自己的产品或服务帮客户消除痛点，那么客户就会欣喜且满意地完成交易。

想象一下：你被困在某个地方整整一个星期，这段时间里你滴水未沾，粒米未进，你觉得生命即将结束，整个人都陷入了巨大的绝望之中。突然，有个销售员走到你的身边，向你推销水和食物。

可是，普普通通的一瓶水和一块面包，他竟然要2000元。换作平时，你肯定会毫不犹豫地拒绝，甚至会对他破口大骂。但是，在这个特定的情境里，即便销售员要价再高，只要有支付能力，相信你都会满心欢喜地完成交易，并对他感恩戴德。毕竟，在这种情况下，销售员卖给你的并不仅仅是水和面包，而是生存下去的希望。金钱可以用一定的数字来衡量，可是生命的价值是无法用金钱衡量的。

在推销产品的过程中不难发现，很多客户就像上述情境中的"你"一样，对自己的某些需求并不了解。只有在某些情况下，在深刻感受到缺少某种产品给自己带来了极度痛苦时，才会急切地渴望满足自己的潜在需求。

也就是说，销售员不但要让客户发现已经存在的问题和需求，以及客户购买产品之后能得到怎样的利益，还要告诉客户如果问题不解决，如果不购买产品，会产生怎样的后果，会感受到怎样的痛苦。客户感受到的痛苦越大，越想消除自己的痛点，购买产品的愿望就会越强烈。

那么，应该如何寻找客户的痛点呢？

1. 观察和分析客户的购买行为

所谓"知己知彼，百战不殆"，销售员只有深刻了解客户的购买行为，并从中分析出客户的痛点所在，才能精准地找到客户的核心需求，并有的放矢地满足其需求，为销售成功创造基础条件。

2. 对竞争对手的情况做到烂熟于心

了解竞争对手及竞争产品的情况，才能通过对比掌握自己产品的优势和劣势，以此作为基础，才能更好地挖掘出客户的痛点，满足客户的需求。毕竟，客户做出购买决定之前，往往会货比三家，越能触及其痛点的产品，越能引起他们的关注。

3. 亲身体验产品或服务

对于为客户提供的产品或服务，销售员应该亲身体验一番，只有亲自去感受和体会，才能找到客户真正的痛点。如果只是依靠虚无缥缈的想象，那么找到的很可能是伪痛点，根本无法满足客户的真实需求。

4. 从客户的抱怨中寻找痛点

客户之所以抱怨，大多是因为他们的某些需求难以通过既有的产品得以满足。销售员如果能够发现客户抱怨的原因所在，也就从根本上找到了客户的痛点。帮客户解决问题，消除他们的抱怨，客户的需求自然就被挖出和满足了。

对于客户来说，痛点会让他们心生不快，希望能以最快的速度将其消灭；对于销售员而言，痛点则是机会，找到痛点，销售成功的机会才会更大。销售员要想打动客户，顺利完成销售，就应该主动挖掘客户的痛点，并根据痛点去推销产品。所以说，挖掘客户潜在的需求，找到客户的痛点是非常重要的。

细节回顾

- 客户之所以对痛点深恶痛绝，是因为痛点难以满足，或是给客户带来过不良的消费体验。
- 痛点被客户厌恶，却正好是销售员的机会，挖出痛点，就能找到客户潜在的需求。
- 销售员亲身体验产品，才能做到感同身受，知道产品是否真的可以消除客户的痛点。

"二选一"式提问：探寻客户需求的利器

▶你喜欢怎样向客户发问，来找到他们的真实需求？

▶"二选一"式的提问，为什么能促进交易达成？

对于销售员来说，每一次推销的终极目标都是达成交易。想要达成交易，销售员推销的产品或服务就要契合客户的某种诉求，能满足客户的某种需求。这些诉求和需求，有些是客户能够清晰阐述出来的，有些则是客户难以清晰表达，甚至是连他们自己都不知道的。作为一名销售员，探寻并掌握客户的真实需求，是日常工作的重要组成部分，也是成功推销的基础所在。

在销售活动中，有一种提问技巧，能够帮助销售员从客户的言语中发现其真实需求，它就是"二选一"式提问。运用这个技巧时，销售员可以为客户提供两种方案，让客户自由选择。而且无论客户选择哪一种方案，最终都能达成交易。比如，销售员可以问客户："您喜欢蓝色还是黑色？""您明天有空还是后天有空？""您打算买一台还是两台？"只要客户在两个选项中做出选择，他们的真实需求也就展现出来了。

　　孙涵是一名服装销售员，每天在工作岗位上接待形形色色的客户。

　　一天，一位衣着光鲜的女士来到店里，孙涵向她推荐了一套新款礼服。这位女士试穿了一下，看起来非常满意。孙涵抓住机会，对她说道："女士，这套礼服是新品，红色和白色的比较畅销，不知道您想要哪一种颜色的？"

　　"白色的吧。麻烦帮我装起来。"

　　"好的。"

有的时候，客户会在不知不觉中表现出自己的某些需求，这种情况下，他们并没有意识到自己对产品的需求有多么强烈，或者是不确定到底哪种产品是自己真正需要的。销售员进行"二选一"式的提问，可以帮助客户化繁为简，避免多重选择造成的麻烦，加快达成交易的进程。

　　在销售实践中，不难发现，一些销售员提出的问题都是无效的。比如，"您需要什么帮助吗？""您觉得这个怎么样？""您喜欢这种颜色吗？"等等。诸如此类的问题，不过是泛泛而谈罢了，并不能有效挖掘出客户内心的真实需求。

"二选一"式的提问方式，则不会带来这种困扰。将客户的答案限定在一个极小的范围内，减少客户选择的可能性，会让客户更加专注于眼前的两个选择。无论客户做出怎样的选择，反映出的都是他们内心真实的需求。找到这一需求之后，在后续的沟通中就可以严密围绕它来做文章，让销售过程变得更加轻松和简单。

有一点需要注意，那就是销售员提出的问题不应让客户在"要"和"不要"之间做出选择，而是在"要A"还是"要B"之间做出选择。无论客户选择A还是选择B，最终的结果都是"要"，这样才能保证交易最终达成。

细节回顾

- 客户会在某些时候表现出自己的需求，销售员应该抓住机会，快速促进交易达成。
- 向客户提出问题，可以有效挖掘客户的内心需求，这是销售员应该注意的一个细节。
- 将客户的选择限定在一个较小的范围内，有助于吸引客户的注意力，让客户专注于眼前的事情。

销售精英撒手锏：主动创造需求

▶ 你会唯客户马首是瞻，一味追求满足客户的需求吗？

▶ 你知道如何为客户主动创造需求吗？

　　能够满足客户需求的产品，才能真正打动客户。这一点销售员都心知肚明。但是，对于如何满足客户的需求，不同的销售员会有不同的认知。普通的销售员只能满足客户的需求；优秀的销售员，则能为客户创造需求，然后再满足这种需求。

　　刚刚进入销售行业的很多销售员，都会听到前辈或同事说起满足客户需求的重要性。诚然，销售员推销的产品必须以满足客户的需求为前提，这样才能赢得客户的认可；否则，客户便不会买账。然而，如果销售员一味跟着客户的脚步走，就很可能被客户带进一个死胡同。毕竟客户的需求是多种多样且无穷无尽的，只想着满足客户的需求，而不顾及自身的实际情况，显然是盲目和不妥的。更为糟糕的局面是，客户的需求并不一定是他们真实的需求，如果一味追求满足客户的这种需求，那最终必然无法达成交易。

所以说，销售员不能单纯地追求满足客户的需求，还要想方设法地主动为客户创造需求。引导客户转变既有观念，产生购买产品的欲望，才是销售精英不同于普通销售员的独特之处。

某公司派出销售员小李和小王，到一座小岛上推销该公司生产的皮鞋。

两个人到了小岛之后，才发现当地人并没有穿鞋的习惯。小李试着推销了几天，却没有一个人愿意购买。因此，他认定皮鞋在该岛上没有市场，便打道回府了。小王也没有推销成功，但是他认为当地居民都没有鞋穿，这个市场蕴含着巨大的商机。于是，他坚持在岛上推销。

经过一番努力之后，小王终于有了和小岛首领会面的机会。

"尊敬的首领，您位高权重，身份高贵，深受民众敬仰。但是令人遗憾的是，您竟然都没有一双鞋来保护您那高贵的脚！要知道，在岛外的社会中，即便是普通人也会穿上一双皮鞋，一是为了保护自己的脚，二是为了体现自己的品位和身份。我想，您作为这个岛上最尊贵的人，理应第一个穿上皮鞋。"说着，小王便把皮鞋递到了首领面前。

"年轻人，你说的话很有意思。我的脚底已经磨出了茧子，脚面时不时会被荆棘刺破。如果你手里的这个东西真的能够解决我的困扰，那我会尽力说服臣民们购买你的皮鞋！"

就这样，首领成为小岛上第一个穿上了皮鞋的人。岛上的民众纷纷效仿，小王带来的皮鞋很快就销售一空。

客户对于产品的需求，并不总是显露在外。很多时候，由于受到惯性思维或其他因素的影响，他们并没有意识到自己对某种产品有所需求。销售精英往往能在看似毫无商机的情况下，为客户创造需求，开拓出潜力巨大的消费市场。

对于销售员来说，想要创造需求，并让客户为这种需求埋单，在操作时不仅要有一个循序渐进的过程，还要注意方式方法。比如，事先调查客户的个人信息、家庭信息、购买产品的情况等；在推销过程中适度赞美客户，了解客户的想法、喜好等。只有洞察客户的内心世界，才能有针对性地创造需求，否则就会陷入需求定位不准、无法吸引客户的糟糕境地。

细节回顾

- 普通销售员只能够满足客户的需求，销售精英却能够主动为客户创造需求。

- 看似毫无商机的市场，只要销售员愿意挖掘，也许就能发现超乎想象的巨大消费潜力。

- 为客户创造的需求，定位必须准确，能直击客户内心的需求才是真正有效的需求。

课后习题

细节辨析

认真阅读下列陈述，辨析所述细节是对还是错。

1. 推销的目的就是将产品销售给客户，所以销售员要不断向客户介绍产品才行。

2. 从本质而言，销售员推销产品就是在推销产品能给客户带来的利益和价值。

3. 客户对痛点深恶痛绝，销售员挖掘客户的痛点是不明智的。

4. 采取"二选一"式提问，就是给客户两个方案让他去选择。

5. 有些时候，客户并不清楚自己的真实需求，销售员完全可以为客户创造需求。

技能测试：你与客户沟通的能力怎么样

销售员与客户的沟通贯穿整个销售过程，无论是探询需求，还是消除异议，沟通都是必不可缺的部分。所以说，沟通能力对销售员来说非常重要。试着回答下面的测试题，看看自己的沟通能力如何。

1. 第一次和客户会面时，你觉得沟通氛围重要吗？

   A. 是的，非常重要

   B. 只要有一个安静的环境就行了

   C. 不太关注，直接切入正题

2. 和客户见面后，你能很快切入正题吗？

   A. 能轻松将话题过渡到正题

   B. 直接切入正题

   C. 常常不知如何说起

3. 在沟通过程中，你是不是常常打断客户，急于发表自己的观点？

   A. 习惯于边听边思考，很少说话

   B. 情不自禁地就会推销自己的产品

   C. 总是自己控制话题

4. 你有没有一种感觉，即便专注倾听也不知道客户需要什么？

   A. 站在客户的角度上倾听，就能了解

B. 总是有这种感觉

C. 从来不去倾听，全凭直觉判断

5. 你觉得倾听是一种什么状态？

A. 站在客户的角度上，边听边思考，并适当做出回应

B. 专心听客户说的每一个字、每一句话，不插嘴

C. 只听自己感兴趣的内容

6. 面对不善言辞的客户，你是如何沟通的？

A. 尽可能地寻找话题

B. 通常是一问一答

C. 他不跟我说话，我也不跟他说话

7. 面对健谈的客户，你是如何开始销售的？

A. 找准时机，准确发问

B. 待客户说得差不多了再直接说

C. 打断客户发言，将话题转到销售上

8. 在沟通过程中，客户产生一些误解或偏见时，你一般怎么处理？

A. 正确地引导，平等地交流

B. 肯定正确的部分，忽略错误的部分

C. 直接驳斥客户，并加以说服

9. 假如客户要求你打折销售，你通常会怎么做？

A. 强调产品的价值

　　B. 计算成本后同意小幅打折

　　C. 直接打折，并请求客户不要向其他人透露

10. 假如客户对产品提出异议，你会怎么做？

　　A. 耐心听客户说完，然后再做解释

　　B. 立刻进行解释

　　C. 很紧张，不知所措

计算方法

　　A、B、C选项对应的分值分别是5分、3分、0分，将各题得分相加，计算出总分。

测试结果解析

　　30分及以下：说明你的沟通能力存在很大的问题，需要进行系统的培训或是自学，以尽快提高这方面的能力。

　　31～45分：说明你与客户的沟通在某些方面存在一些不足，需要自行检查和弥补。

　　46～50分：说明你的沟通能力比较强，要继续保持。

细节辨析答案

　　1. 错。倾听客户的心声，销售员才能发现客户的真实需求，针

对需求展开销售，更容易达成交易。

2. 对。

3. 错。因为深恶痛绝，所以客户更希望消除"痛点"，满足客户这一需求，销售就会成功。

4. 错。"二选一"的选项并不是随便提供的，是要限定在"买这种"还是"买那种"之中。

5. 对。

观察力强化课——挖掘客户心理动态的细节处理

第五章

5

推销是一种说服、暗示，也是一种沟通、要求，因此，每个人时时刻刻都在推销。

——博恩·崔西

舌头会骗人，眼睛不会

▶ 与客户沟通时，你会怎样关注对方的眼睛？

▶ 你知道如何透过客户的眼睛去洞察他的心理吗？

美国作家爱默生曾说："当眼睛说的这样，舌头说的那样时，有经验的人更相信前者。"从中不难看出，眼睛可以更真实地反映一个人的内心世界，即一个人的目光比语言更加可靠、可信。

相关研究结果表明，人的大脑所接收到的信息中，87%来自眼睛，9%来自耳朵，剩下的4%来自其他器官。可见，在大脑接收信息的过程中，眼睛发挥了无与伦比的重要作用。

印度著名诗人泰戈尔说过："一旦学会了眼睛的语言，表情的变化将是无穷无尽的。"也就是说，眼睛能够传递出的信息，远远超出人们的想象。

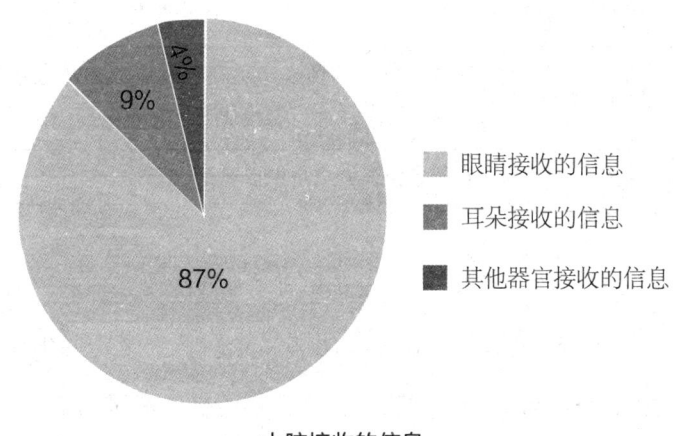

大脑接收的信息

在销售实践中不难发现，客户的眼睛会在沟通过程中发生各种各样的变化。

具体表现	隐含信息
瞳孔放大	通常是听到了自己很喜欢听的话，或者感到恐惧或兴奋
瞳孔缩小	通常是听到了不喜欢听的话，或是情绪低沉
热情直视	通常是和销售员坦然以对，想要继续交流

续表

具体表现	隐含信息
充满渴望	通常是对产品充满兴趣,希望销售员多介绍一些相关信息
看向地面	通常是对销售员的话或产品没有兴趣,心思飞到了别处
眼神游移	通常是犯了错误,或是说了谎话

"眼睛是心灵的窗户",它能够直观地展现出客户的内心世界。即便客户嘴上不说,只要能够注意到客户眼睛的细微变化,也能够了解他们的想法,体会他们的感受,进而掌控沟通的进程。

在诸多的非语言交流方式中,目光交流是最直接、最有效的方式。通过观察客户的眼睛,销售员能够发现客户心中隐藏的秘密。再通过真诚的目光反馈,让客户感受到自己的真情实意,客户自然愿意敞开心扉,进行更多、更愉快的交流。

【细节回顾】

· 所谓"此时无声胜有声",眼神的无声交流,有时比语言交流效果更好。

· 透过眼睛,销售员可以真切地看到客户的心灵,也能向客户展现真诚的自己。

客户眼睛的变化，代表着他们心理的变化，每个细小的变化，销售员都不该放过。

读懂"眉语"：跳动的眉毛在表达思想

▶与客户交流时，你是怎样关注客户的眉毛变化的?

▶客户的"眉语"，你能读懂几种?

许多时候，我们可以运用口头语言之外的其他形式来表达自己的某种情绪或态度，而"眉语"就是诸多体态语言中的一种。

古代人将眉毛视作"七情之虹"，对美的审视中，眉毛是非常重要的一环。在诗词中，以眉传情、以眉写意是一种常见的抒情手段，并且直到今日仍然为人所用。不夸张地说，随着时代的发展，人们对"眉语"也越发重视起来，它已经成为现代人十分重视的感情表现手段。通过"眉语"，人们可以表现不同的情态，传达出各种各样的意思，在"眉飞色舞""眉来眼去"间完成交流。

对于销售员来说，观察客户的"眉语"是了解客户心理的一个很好的途径，通过分析客户眉毛的姿态，可以解读客户的状态，洞察客户的真实想法。

一般而言，比较常见的"眉语"有以下几种：

1. 扬眉

展现方式	蕴含意味	客户心理	应对措施
双眉扬起，略微向外分开，眉间皮肤伸展，拉平短而垂直的皱纹，前额皮肤挤出水平方向的皱纹	表示客户感觉高兴，心情愉悦	产品符合客户的心意，客户有种终于得偿所愿的欣喜感	趁热打铁，及时提出成交建议，迅速促成交易

2. 皱眉

展现方式	蕴含意味	客户心理	应对措施
双眉皱起，脸部跟着上扬，前额出现水平方向的皱纹	表示客户不高兴、不耐烦，或是感觉很为难	客户对销售员或对产品很不满，不想听销售员啰唆，抗拒心理很强	立刻停止推销或转移话题，了解客户真实需求之后再做打算

3. 耸眉

展现方式	蕴含意味	客户心理	应对措施
眉毛上扬，短暂停留后又下降，同时可能伴有撇嘴等动作	表示客户感觉厌烦或不欢迎，有时也是无奈的一种表现	客户有过不好的消费体验，所以对销售员推销的产品有本能的抗拒心理，不愿接受	保持冷静，先对客户的遭遇及心理表示理解，再用有力保证尝试说服客户

4. 闪眉

展现方式	蕴含意味	客户心理	应对措施
眉毛上扬之后立即下降，同时可能伴有仰头和微笑等动作	表示客户非常惊喜，有眼前一亮的感觉	客户对销售员十分欢迎，希望达成交易	不急不躁，按部就班地引导客户达成最终的交易

除了上述几种"眉语"，蹙眉、横眉、愁眉等同样蕴含深刻的意味，它们分别表现了客户的忧伤、愤怒、愁苦等心理。对于销售员来说，善于通过客户的"眉语"来了解他们的内心感受，并学会使用"眉语"和客户进行有效的交流，才能让沟通变得更加积极、生动，从而促使客户更好地接受自己的推销。

细节回顾

• 眉毛的变化，体现了客户心理的变化，"眉语"是销售员不能忽视的细节。

• 不同的"眉语"，代表不同的含义，只有充分了解，才能及时做出应对。

• "眉语"是体态语言的重要组成部分，有时会比口头语言更能反映实际情况。

多变"笑语"：心理状态的"晴雨表"

▶对于客户的笑容，你进行过怎样的分析？

▶客户的不同"笑语"，分别透露着哪些信息？

　　提起笑的种类，很多人都会想到微笑、大笑、傻笑、皮笑肉不笑等。不同的笑，代表着不同的含义，传递着不同的"笑语"。读懂了"笑语"，也就读懂了客户的心。

　　笑的时候，每个人都有不同的习惯，有的人腼腆，有的人豪迈，有的人隐忍，有的人放纵……即便是同一个人，在不同的场合也会有不同的笑的方式。所以说，"笑语"是非常多变的。

　　销售员在和客户交往的过程中，会有许多机会见到客户发笑。根据不同的环境、场合、对象等，分析客户笑容背后隐藏的真实含义，解读客户真实的内心世界，才能准确把握客户想要传递的信息。

一般来说，常见的"笑语"有以下几种：

1. 含笑

展现方式	蕴含意味	客户心理
既不出声，也不露齿，只是面含笑意而已	表示客户待人友善，接受销售员	出于礼貌，以含笑的姿态接待销售员，即便不喜欢产品，也不希望怒目以对

2. 微笑

展现方式	蕴含意味	客户心理
唇部上移，略呈弧形，但是牙齿不会外露	表示客户对销售员非常友好，能够继续沟通	敞开心扉，心态积极，愿意给销售员接近自己的机会，或是自得其乐、知心会意

3. 轻笑

展现方式	蕴含意味	客户心理
嘴巴微微张开，部分上排牙齿显露在外，不发出声音	表示客户心情愉悦、快乐，可能有喜庆之事发生	很愿意和销售员会面，或是对产品非常感兴趣，有购买的欲望

4. 浅笑

展现方式	蕴含意味	客户心理
嘴巴抿起来，没有声音发出	表示客户说错了话，或是某些话题让客户感觉不好意思	感觉有些害羞，对销售员产生了一些好感和认同感

5. 大笑

展现方式	蕴含意味	客户心理
嘴巴张大呈弧形，上、下排牙齿都显露在外，发出"哈哈哈"的笑声	表示客户特别开心快乐、心情愉悦	某种心理得到满足，十分尽兴，对销售员非常认同

6. 苦笑

展现方式	蕴含意味	客户心理
面露难色，脸上挂着苦涩的神情	表示客户遇到了难以解决的问题或是一时无法做出决定	感觉非常痛苦或无奈，心理压力倍增

7. 掩嘴笑

展现方式	蕴含意味	客户心理
把手掩在嘴上，偷偷发笑，尽量不被人发现	表示客户发现销售员犯了小错误，或是动作比较怪异、话语不合情理等	宽宏大度，内心充满善意，并非真的想要嘲讽销售员

8. 皮笑肉不笑

展现方式	蕴含意味	客户心理
脸上挂笑，同时带着轻蔑的表情	表示客户对销售员或产品不屑一顾，或是不认可销售员的观点	对销售员所说的话或推销的产品充满怀疑

笑不仅是一种体现在客户脸上的外在语言，也是客户心理世界的外在表现。不同的笑能够反映客户不同的心理，体现客户不同的情感表达。通过研究客户的"笑语"，可以了解、掌握客户的性格、状态、诉求等，这对销售工作的顺利开展会有极大的助益。

细节回顾

- 不同的笑容，代表着不同的含义，了解"笑语"，才能更好地了解客户的心理。

- 性格、场合不同，笑的方式也会有所不同，分析客户的"笑语"时，要综合衡量各种因素。

- 掌握8种常见的"笑语"，对客户进行准确分析，有利于销售工作的顺利进行。

注意手部动作，手势中隐含着某种深意

▶ 与客户交谈时，你会注意他的手部动作吗？

▶ 客户手势中蕴含的深意，你知道多少？

　　我们常说的手势，指的是通过手和手指的活动来传递信息。行为学家认为，手势是人的第二唇舌。不同的手势，代表着不同的含义，能够表达不同的思想和观点：在发生重大事件或变故时，人们往往会交叉紧扣自己的手指，这说明正承受压力或是对自己缺乏自信；在听到、看到或想到一些糟糕的事情时，人们通常会不自觉地抖动自己的手，这是心里紧张、恐惧的表现；在交谈时，人们不由自主地将双手隐藏起来，这意味着在刻意隐瞒一些非常关键的信息；摊开双手，通常是表示无奈或者妥协；不停地搓动手掌，表达的则是跃跃欲试的心情……

　　古罗马演说家西塞罗认为：所有的心理活动都伴随着指手画脚

的动作，手势就像人体的语言一样，即便是最野蛮的人，也能够理解这种语言。可见，手势是人们表达过程中重要的工具之一，能够表现人们的某种情绪或感情。

对于销售员来说，在交谈中多注意观察客户的手部动作，往往可以了解客户的所思所想，把握客户的心理动态。

1. 摸鼻子

销售员说话的时候，如果客户摸自己的鼻子，则说明客户很可能对销售员所说的话题或推销的产品不感兴趣。在客户没有表现出厌烦的情绪之前，销售员应该及时转移话题，寻找新的卖点；一旦客户已经表现出厌恶的态度，销售员就该及时结束谈话，并为下一次的会面做好铺垫。

2. 捂住嘴巴

在沟通的过程中，如果客户下意识地用手捂住嘴，那就说明客户接下来要说的话可能只是敷衍了事而已。面对这种情况，销售员可以直接向客户发问，询问自己的表达是否不清晰或是客户还有什么新的想法。给客户一个适度表达的机会，他就会说出自己的想法。

3. 揉眼睛

如果客户在沟通时不经意地揉眼睛，那就说明客户极有可能对销售员的话不感兴趣。出现这种情况时，销售员要及时将谈话转移到客户感兴趣的话题上，以免引起客户更多的反感。

4. 摸耳朵

在谈话的过程中，如果客户不断地摸自己的耳朵，那就说明客户很可能对销售员推销的产品有所怀疑，或是没有多少兴趣。这种情况下，销售员应该寻找更有说服力的证据，让客户对产品产生兴趣乃至信任。

5. 抓脖子或拽衣领

如果客户在谈话时有不经意抓脖子或拽衣领的行为，很可能表明客户对销售员的产品或服务心存疑虑，不确定是否应该接受。面对这种情况，销售员应该想办法搞清楚客户的疑虑所在，然后通过有效的沟通来说服客户。

6. 手放在双唇之间

在交流的过程中，如果客户将手放在双唇之间，则极有可能表明客户对销售员和产品十分信赖。这个时候，销售员应该及时给予客户保证和承诺，让客户吃下定心丸，最终达成交易。

在诸多的身体语言中，手势是使用频率最高的一种，它给人带来的视觉感受也最为强烈。一般情况下，客户的心理变化会通过各种各样的手势体现出来，有的时候，手势甚至比语言更能准确地传达客户的所思所想。将客户的语言和手部动作进行综合考量，往往可以更加准确地了解客户的心态，这对交易的最终达成将会起到极大的促进作用。

细节回顾

- 客户的手势多种多样，不同的手势蕴含着不同的深意，销售员应该对此加以重视。

- 不经意间出现的手势，往往最能体现消费者的内心世界，这是一个了解客户的好方法。

- 手势能够体现心理动态，销售员需要学会分辨不同的手势，才能更好地感知客户的心理。

起跑姿势：准备离开的暗示语

▶ 你对起跑姿势有怎样的认识？

▶ 在什么情况下，客户会做出起跑姿势？

　　销售员在与客户沟通的过程中，不仅要"耳听八方"，更要"眼观六路"，因为有些不好明说的话，客户会用身体语言表达出来。所以，销售员发现客户的身体姿态发生变化时，一定要认真分析，准确理解，以便抓住客户的心理动态，掌握客户的真实想法。

　　与客户，尤其是关系不错的老客户会面时，客户往往会碍于情面，不好意思直接表达拒绝之意，或是对销售员下"逐客令"。如果销售员没有自知之明，不懂得领会客户隐晦表达的意思，那客户很可能会产生"销售员不体谅客户""销售员只顾自己"之类的感受。一旦客户对销售员产生不好的印象，那么推销工作就会变得困难起来。

　　孙萌是一名保险推销员，一天和老客户王姐约好去家里拜访。王姐为人热情，对孙萌非常信任，两个人可以算得上"忘年交"。

　　没想到，孙萌正准备出门去王姐家的时候，被一件紧急的事情缠住了。她给王姐打电话，告诉王姐会面的时间需要推迟一个小时。王姐一口答应下来，可是刚把电话挂了，她的一个朋友就打电话让她到机场接人。王姐询问了一下飞机降落的时间，便爽快地应承了下来，因为按照她和孙萌的约定，即便谈完事情，也还有充裕的时间。

　　时间一分一秒地过去，已经到了约定的时间，孙萌却依然没有出现。王姐在焦虑中又等待了一个小时，孙萌才出现在自己的家门口。

　　寒暄之后，孙萌先表达了自己的歉意，然后与王姐聊了起来。在聊天的过程中，孙萌发现王姐有些心不在焉，而且不经意地把双手摁在了膝盖上，并且一只脚在前，一只脚在后，膝盖也弯了起来，就像运动员准备起跑一样。

　　孙萌正兴致勃勃地准备开始下一个话题，无意中看到了王姐的这个动作，她恍然大悟：王姐一定有急事要出门，但是又不好意思直说。于是，孙萌站起身来，说："王姐，我突然想到有一件很重要的事情需要马上处理，真是不好意思，改天再来拜访您吧！"

　　听到孙萌的话，王姐如释重负一般，说："好啊，我正好也有很重要的事，正不知道怎么跟你说呢！"

　　在沟通的过程中，如果销售员发现客户做出了起跑的姿势，那就应该意识到，客户可能是有急事想要离开。这个时候，销售员应该及时停止谈话，主动向客户告别，以便化解客户焦急的情绪，避免出现尴尬的情况。

　　越是熟悉的客户，越不好意思下"逐客令"，这是人之常情。作为一名销售员，在与客户沟通的过程中，应该做到时刻观察客户的肢体动作，当发现客户做出类似起跑姿势的动作时，说明对方潜意识中已经做好了离开的准备，再继续交谈下去，只会令对方不悦，增加对方对你的反感。倒不如及时抽身离开，为下一次的会面打下良好的基础。

细节回顾

- 除了倾听客户说话，也要观察客户的姿态，"眼观六路，耳听八方"才能更好地理解客户。
- 客户做出起跑的姿势，往往说明他想要离开，销售员应该体谅客户，主动结束谈话。
- 客户不愿口头下达"逐客令"，但是肢体语言有时会透露他们的心声。

课后习题

细节辨析

认真阅读下列陈述，辨析所述细节是对还是错。

1. 在和客户沟通的过程中，销售员要始终和客户保持近距离的接触，借此体现彼此的亲密关系。

2. 一个人撒谎的时候，眼神往往会游移不定。

3. 眉毛的变化，往往能够体现出客户心理的变化。

4. "笑语"在每个人身上反映出的含义和心理都是相同的。

5. 客户不断地摸自己的耳朵，通常说明他接下来要说的话可能只是敷衍了事而已。

6. 客户一旦做出类似起跑姿势的动作，说明他潜意识中已经做好了离开的准备。

技能测试：你的销售心态如何

对于销售员来说，良好的心态是非常重要的，它将有助于销售员克服销售过程中可能遭遇的挫折和失败。试着回答下面的测试题，看看自己是否具备积极的销售心态。

1. 你会向亲朋好友推销产品吗？

　　A. 是的，常常这样做

　　B. 偶尔会

　　C. 从来都不会

2. 在你看来，销售的主要任务是什么？

　　A. 给客户好的建议，满足他们的各种需求

　　B. 把产品卖给客户

　　C. 尽可能多地赚钱

3. 假如推销了一段时间却没有拿下订单，你会怎么做？

　　A. 继续努力

　　B. 对自己表示怀疑

　　C. 放弃销售

4. 你害怕被客户拒绝吗？

　　A. 不怕，被拒绝是正常的

　　B. 有时候有点怕

C. 十分害怕

5. 假如被客户拒绝，你会有怎样的心态？

　　A. 一笑而过

　　B. 稍微有些失落

　　C. 心情低落，一蹶不振

6. 假如被客户质疑，你会怎么做？

　　A. 认真倾听，耐心解释

　　B. 找个借口回避

　　C. 与客户进行争论

7. 向亲朋好友推销产品时，你有怎样的想法？

　　A. 很高兴和他们分享公司的产品

　　B. 有时候会觉得不好意思

　　C. 总是觉得没法开口

8. 有人认为销售是一份既轻松又赚钱的工作，你怎么看？

　　A. 只有付出才有回报

　　B. 关键在于销售员如何去做

　　C. 应该很轻松

9. 通常情况下，你会以何种价格将产品卖给亲朋好友？

　　A. 公司统一标价

　　B. 让利折扣价

C. 赔钱赚吆喝的价格

10. 你觉得提升销售业绩的秘诀是什么？

A. 打造忠实稳定的客户群体

B. 尽可能向更多的人推销

C. 想方设法让客户多买多用

（计算方法）

A、B、C选项对应的分值分别是5分、3分、0分，将各题得分相加，计算出总分。

（测试结果解析）

30分及以下：说明你的销售心态存在很大的问题，需要及时进行有效疏导，以免影响之后的销售工作。

31~45分：说明你的销售心态还存在一些消极的因素，需要进行自查和适当调整。

46~50分：说明你的销售心态是良好或积极的，要继续保持。

（细节辨析答案）

1. 错。客户需要一定的心理空间，销售员应该尊重客户的这种权利和诉求。

2. 对。

3. 对。

4. 错。不同的人，不同的环境，笑的含义也有所不同。

5. 错。客户不断地摸自己的耳朵，说明客户很可能对销售员推销的产品有所怀疑，或是没有多少兴趣。

6. 对。

提炼产品卖点课——高效推介产品的细节处理

第六章

不论你卖什么，都要清晰地传达给你的潜在客户：买了它比不买它要来得好。

——金克拉

产品为王：口碑是最好的推介词

▶ 产品的口碑，对销售有何影响？

▶ 客户为什么对产品口碑情有独钟？

客户之所以选择购买产品，是因为产品能够满足他们的需求，为他们提供有用的价值。在确定购买产品之前，客户必然会对产品的品质、效用以及售后服务等进行相应的调查。

销售员的产品推介词说得再好，如果与市场的反馈不符，或是产品不能为客户带来应有的价值，那么客户肯定不会为产品埋单。也就是说，产品才是说服客户的根本所在。产品的良好口碑，是产品的最佳推介词。

销售员想要将产品成功推销给客户，就要坚持"产品为王"的理念。坚持为客户提供最优质的产品，努力给客户带去最佳的消费体验，从而让客户产生较高的满意度，进而产生较好的口碑。随着口碑的不断积累，产品就会被越来越多的客户认可。

　　一款销量好的产品，必定具有良好的口碑，这一点毋庸置疑。在互联网时代，产品信息更加透明，传播速度更快。口碑好的产品，往往更能引起客户的注意，让客户产生更多的信任感。客户对口碑越发看重的原因，主要体现在以下两点：

好产品胜过好渠道

· 在传统营销模式下，客户能够接触产品的渠道非常有限，但是在互联网环境下，客户接触产品的渠道越来越多，只有独一无二的好产品，才能给客户带去无与伦比的消费体验。

客户认可的产品才有好口碑

· 要想让产品在客户间形成良好的口碑，首先要让客户产生足够的认同感。随着时代的发展，客户对产品的要求不再是实用价值那么简单，而是集消费体验服务质量等为一体，只有让客户感觉物超所值，才能形成良好的口碑。

　　良好口碑对客户具有极大的吸引力和影响力。毕竟，良好的口碑是经过市场洗练之后才能拥有的。在这个"产品为王"的时代，销售员只有借助适当的手段去实现客户预期、满足客户需求，才能让客户为产品埋单。

　　一款外表绚烂、包装精美的产品，确实能在短时间内引起客户的注意，甚至让客户主动掏钱购买。但是，如果产品没有优良的品质做支撑，那么客户购买之后就会大呼上当，在这样的情况下，客户自然不会对产品保持长期的关注，产品也无法形成良好的口碑效应。

在如今这个时代，实实在在的产品才是打动客户、赢得人心的保证，有了好的口碑，产品才能得到客户更多的认可。反过来也可以说，用口碑打动客户，是销售员赢得订单的优质途径。

细节回顾

- 经受住市场洗练的产品，才有好的口碑。大家认可的产品，更能吸引客户。

- 现代市场，客户对产品的要求越来越高，用产品说话，才能形成良好的口碑。

- 产品的良好口碑，体现了市场对产品的认可，抓住这个细节进行推销，客户更愿意接受。

差异化销售：突出产品的独特卖点

▶ 你平时是如何提炼产品卖点的？

▶ 如何突出差异化，才能更好地吸引客户？

所谓卖点，就是产品区别于其他产品的独特性质和优点。它的存在，体现了产品与同类产品的差异性。从某种意义上说，卖点是产品核心竞争力的集中表现，也是打动客户的关键所在。在销售过程中，如果销售员能够抓住产品的真正卖点，销售工作就能事半功倍。

就像人是独一无二的一样，每一款产品也都有其独特的性质和卖点。销售员推销产品时，应该将关注点放在自己的产品具备而竞品不具备的卖点上，对客户着重强调独特卖点，更能吸引客户，强化客户对产品的认知，为销售成功增加胜算。

有的时候，客户虽然对某种产品有一定的需求，但是具体是什么需求或是需求有多强烈，客户并没有清晰的认识。当两种甚至多种相似的产品放在客户面前时，他们并不能立刻做出判断。这时候，就需要销售员将产品最突出的卖点介绍给客户，让客户深刻感受到这款产品优于其他产品之处。

销售员向客户介绍产品之前，先要弄清楚哪些是产品的基本性能，哪些是产品区别于其他产品的卖点。通常而言，产品的基本性能就是指产品的构成、功能等，产品的卖点则是产品能给客户带来的价值。在推销产品时，销售员要将产品的功能特点转化为产品的卖点，让客户产生眼前一亮的感觉。若非如此，客户便不会对产品产生深刻的印象，更不会选择购买产品。

在介绍产品时，以下四个方面往往是销售员需要注意的。

1. 说明卖点的方式

通常来说，销售员向客户介绍产品的卖点时，往往会围绕以下五个方面展开：

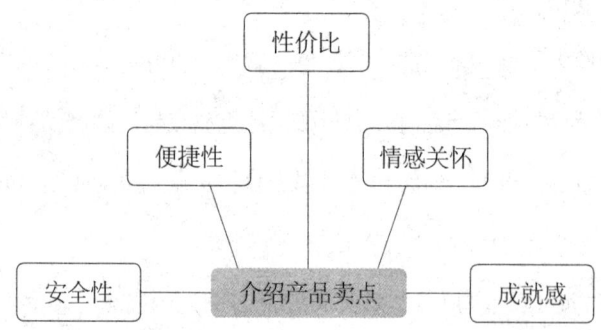

当然，销售员推销产品时，还要根据客户的实际需求，有针对性地介绍产品的卖点。如果产品的卖点不符合客户的需求，那么再好的卖点也无法打动客户。

2. 突出产品卖点

客户说出自己的需求时，销售员要分析自己推销的产品，看看哪些卖点能够满足客户的需求，符合客户的期望。进行客观的对比之后，销售员就可以通过强调相应的产品卖点来打动客户。当然，在介绍产品卖点时，必须实事求是，并且表现出沉稳、自信的态度。

3. 弱化无法满足的需求

世界上没有任何一款产品能够满足客户的所有需求，无论销售员如何突出卖点和优势，总有某些方面无法达到客户的预期。销售员如果发现产品无法满足客户的需求，可以选择主动出击，用下面两个方法来弱化客户的失落感。

只讲差价

· 这个方法适用于大部分产品的推销。例如："只要多付500元，您就能额外享受两年的优质服务。"

寻找贴近生活的参照物

· 这种方法要求销售员对产品有深刻的认识，而且这种理解要符合大多数人的生活习惯。例如："您只要每天少抽一支烟，一年就能买下这台机器了。"

4. 介绍产品要客观

为了把产品推销给客户，销售员需要介绍符合客户需求的产品卖点，但是无论以何种方式进行宣传，都要对客户负责，实事求是地介绍产品，而不能为了提升业绩刻意夸大产品的性能和价值。

在推销产品的过程中，突出符合客户需求的产品卖点，进行差异化销售，才能更好、更快地打动客户，促进交易更快地达成。销售员应该注重这一细节，从而为做好销售工作打下坚实的基础。

细节回顾

- 产品的卖点是打动客户的关键所在，销售员要根据客户的需求进行提炼和介绍。

- 产品的独特卖点，是产品优势的体现，差异化的销售对客户有更大的吸引力。

- 介绍产品的卖点时，销售员不能刻意夸大，而要实事求是。

FABE推销法：条理清晰的产品说明更有说服力

▶ 在介绍产品之前，你有没有将要阐述的内容详细列出来？

▶ "FABE"分别指的是什么？

所谓"FABE"，就是四项和产品有关的内容："F"指产品的特征，"A"指产品的优点，"B"指客户的利益，"E"指相应的证据。

以上四项内容，在任何一款产品上都会有所体现。销售员在推销之前，应该对其有充分的了解。简单说来，就是要求销售员提前按照FABE的标准做出一份详细的产品说明。

具体而言，销售员应该将产品分解为外形、性能、品质、材料、用途、价格、耐用性、便捷度等若干部分，然后按照不同的部分，分别列出各自的特征及相较其他产品的优点，进而阐明这些优点能给客户带来怎样的利益，最后提供相应的证据来证明自己的介绍是有事实依据的。

有了这一系列的准备，销售员的推介工作就会变得井井有条，和客户的沟通也能有条不紊地展开。

一位销售员来到一家零售店，向经理推介一款新型酱料瓶。

"经理，您好！这是我们厂新研发的酱料瓶。您可以看一下，这款酱料瓶可以容纳各种液体，如食用油、酱油、料酒等。

"它最大的优点是瓶口使用了先进的材料和设计工艺，倒完液体之后，瓶口并不会有液体残留，使用起来非常卫生。目前市场上还没有同类产品，竞争压力很小，相信销售前景会非常可观。

"这款酱料瓶的外形非常顺滑，但是把手采用了防滑设计，以免因为拿不稳而出现洒出液体的情况。酱料瓶有红、蓝、绿、白等不同颜色，便于使用者根据颜色来识别其中的液体。

"这款酱料瓶有时尚的外形、高端的品质，无论是放在厨房里还是放在餐桌上，都是很好的陈设。放在您的店里也是一样，不仅能节省空间，还能吸引消费者的目光……"

当销售员按照列定的产品说明进行产品推介时，往往能说得条理清晰、有理有据，在将产品的各部分内容都做出详细的说明之后，客户对产品也就有了十分全面的了解。

一般来说，FABE推销法具有以下四个优点：

● 由于前期的准备充分而全面，销售员在介绍产品时就会更加方便且信心十足。

● 这种推销是站在客户的角度上展开的，所以更容易被客户理解和接受。

● 这种推销方法有理有据，逻辑性较强，所以说服力更强。

● 各部分内容都分析得比较具体，有利于从细节处观察客户的表现，发现客户的真实需求。

细节回顾

进行产品推介之前，销售员应该将所要阐述的内容详细地列出来。

向客户推介产品时，销售员要做到条理清晰，这样客户才能听得明白。

在推介产品的过程中，销售员应该注意观察客户的表现，以便了解客户的心理变化。

留点破绽，有缺点的产品才真实

▶ 销售产品时，你会刻意隐瞒产品的瑕疵吗？

▶ 介绍产品的瑕疵，会对客户的心理产生什么影响？

汤姆·霍普金斯说："在推销的过程中，如果推销员忽略了商品的缺陷，那只能让他的推销工作变得更加艰难。因此，永远不要把产品的缺陷当作一个秘密。"在这个世界上，任何东西都不会完美无缺，产品有一些瑕疵也是在所难免的。这个道理相信每位客户都明白，销售员更应该对它有正确的认识。

产品存在瑕疵，对销售工作肯定有不利的影响。但是，如果销售员一味宣传产品的优点，甚至夸张地说产品十全十美，那么客户肯定是不会相信的。一旦客户发现产品存在瑕疵，就会认为销售员是在故意隐瞒和欺骗。到那时，无论销售员怎么解释，客户都不会再相信。与其如此，倒不如一开始就向客户坦陈产品的微小缺点，即便客户因为接受不了产品的缺点而不愿签单，至少也会让客户觉得销售员是诚实、可信的。有了这样良好的印象，对下一次的销售是有益无害的。

汤姆·霍普金斯的公司开发过一个有20套房子的住宅小区，其中的18套由于紧邻铁路，整整两年都没有人购买。

汤姆·霍普金斯主动请缨，承诺一个月之内将剩下的18套房子全部销售出去，但要求为每一套房子配置一台彩色电视机。

之前销售这些房子的销售员，为了减少火车噪音这一不利因素对客户的影响，往往选择避开火车通过此区域的时间段带领客户参观房子。汤姆·霍普金斯却偏偏选择火车驶过的时间段让客户参观。火车每天从此处驶过三次，这些房子每天也就开放三次。

客户进入房子10分钟之后，远处会传来火车"轰隆隆"的声音。此时，汤姆·霍普金斯便开始推销："大家也听到了，外面是火车的声音。第一次听到时，相信大家都会非常关注。但是习惯了之后，它就不再是一种困扰了。"

火车由远及近地驶过时，每位客户都清晰地听到了火车噪音。

"各位，我必须明确地告诉你们，火车一天从这里经过三次，每次是九十秒钟，也就是说，一天二十四个小时中，你们会有四分半钟的时间要听火车的噪音。问题是：你们愿意忍受这很快就能习惯的噪音，来换取附带一台全新彩色电视机的漂亮房子吗？"

　　结果，仅仅三周，汤姆·霍普金斯就将18套房子销售一空。

　　所谓"金无足赤，人无完人"，产品有缺点才是真实、正常的。所以，产品的缺点不仅不需要隐藏，反而要大大方方地讲出来。假如可以很好地利用产品的缺点，反而能够起到更好的推介效果。

　　因此，永远不要把产品的缺陷当作一个不能告知客户的秘密。只有如实告知客户产品的优缺点，站在客户的角度上去考虑问题，才能赢得客户的信任，最终拿下订单。

细节回顾

- 正视瑕疵的存在，坦诚告知客户，会让客户对销售员产生更好的印象。
- 有瑕疵的产品才真实，销售员主动介绍产品的瑕疵，更能赢得客户的信任。
- 瑕疵并不会影响客户对产品的总体认知，刻意隐瞒瑕疵是一种不诚实的表现。

亲身体验：让客户切实感受到产品优势

▶互联网时代，客户对产品有了什么新要求？

▶如何提升客户的体验感受？

　　在传统销售环境中，客户通常习惯于关注品牌，再去消费，而对自身体验的要求并不太高。而在如今这个互联网时代，客户对产品体验有了更高的要求，销售员在推销产品的时候，也应该让客户亲身体验产品，让客户感受产品的优势所在。

　　只有好的产品才能占据市场，产品体验的优劣决定着市场前景的好坏以及销售业绩的高低。所以我们不难发现，无论是苹果还是谷歌，都对产品品质和客户的切身体验很重视。为了让客户满意，所有的产品都力求满足客户的需求。

　　推介产品是销售工作中的重要环节，也是影响客户决定的关键步骤。假如销售员能运用最具诱惑力的语言去介绍产品，再加上客户亲身感受到的良好体验，那么客户的购买欲望就会激升。一旦交易达成，销售员的销售业绩也会随之提高。

有些销售员很清楚客户亲身体验的重要性，但是在推介产品的过程中，却忽略了客户的感受，只顾按照自己的方式进行介绍，没有想方设法地让客户更多地参与进来，而且没有考虑到客户对展示效果是否满意。这种推介方式，只是销售员的个人秀，无法引起客户足够的兴趣。

想要让客户更多地参与到产品体验中来，通常可以从以下三个方面入手。

1. 让客户亲身体验

所谓"百闻不如一见"，优秀的销售员通常会为客户创造亲身体验产品的机会。只有客户对产品亲身进行体验，才能产生比较真实的感受，进而对产品留下较好的印象。所以，销售员一定要积极鼓励客户亲身体验产品，而且要在客户体验的过程中对客户进行适当的引导，以便更好地满足客户的需求。

2. 带动客户参与问答活动

在推介产品的过程中，销售员可以适当地提一些问题，以增加客户的参与度，让客户产生更多的互动欲望。让客户参与到问答活动中来，不但能让销售员更好地把控推介产品的过程，还能引起客户更多的关注。当客户对产品产生更多兴趣时，销售员便可以更好地引导客户，促使其做出购买的决定。

3. 了解和信任产品

客户在体验的过程中，时常会提一些与产品性能有关的问题，销售员只有对自己的产品有充分的了解，才能及时给予解答，提升客户的满意度。而且，销售员一定要满怀信心地回复客户，让客户感受到产品确实值得信赖。只有这样，客户才会相信销售员的推介。

随着互联网的高速发展，客户对同类、同质产品的了解越来越多，对产品体验的要求也越来越高。只有给予客户足够优质的产品体验，客户才会接受产品、爱上产品，并主动花钱购买产品。

细节回顾

- 随着时代的发展，客户对产品体验有了越来越高的要求，满足这种需求的产品才能吸引客户。
- 客户产生良好的体验，便会对产品留下良好的印象，这对交易的达成具有促进作用。
- 销售员推介产品时，要积极鼓励客户参与体验，这是一个很好的加强交流的途径。

课后习题

细节辨析

认真阅读下列陈述，辨析所述细节是对还是错。

1. 在如今这个时代，借助网络炒手就能把产品炒红，口碑已经不再重要。

2. 产品的卖点，就是产品不同于其他产品的地方，只要能找出一个就行。

3. "FABE"是指和产品有关的四项内容："F"指产品的特征，"A"指产品的优点，"B"指客户的利益，"E"指相应的证据。

4. 十全十美的产品，对客户才有吸引力，所以销售员推销时要尽量隐瞒产品的缺陷。

5. 让客户亲身去体验，他才能切身感受到产品的优势所在。

6. 在推介产品的过程中，销售员如果能找到自己与客户的共同点，往往能够拉近彼此的心理距离。

技能测试：你能很好地讲解和示范产品吗

在销售活动中，产品的讲解和示范是一个非常重要的环节，借助这个环节，销售员可以让客户真切地了解产品能给他们带来什么益处。试着回答下面的测试题，看看自己在讲解和示范产品方面的能力如何。

1. 向客户介绍产品时，你会怎么做？

    A. 根据客户的个性化需求，进行针对性较强的讲解

    B. 把产品的所有性能都介绍一遍，让客户自己去想有什么益处

    C. 只介绍一些自认为重要的特点

2. 你觉得产品示范在销售中具有怎样的作用？

    A. 增强说服力，有助于促进销售

    B. 主要起到补充说明的作用

    C. 可有可无

3. 对自己销售的产品，你能熟练地讲解或演示其功能吗？

    A. 能，这是基本的工作要求

    B. 有些功能可以，有些功能不行

C. 完全不能

4. 介绍产品时，你觉得重点是什么？

A. 产品能给客户带来什么好处

B. 产品的特性、功能

C. 产品的操作技巧

5. 讲解产品时，你会选用实物工具作为辅助吗？

A. 经常这样做

B. 偶尔这样做

C. 从来不会这样做

6. 你觉得让客户参与产品示范很重要吗？

A. 十分重要，最好让客户参与

B. 偶尔可以让客户出手帮忙

C. 没有必要，担心客户对示范产生影响

7. 做产品示范的时候，你会让客户亲身体验吗？

A. 是的，经常让客户亲身体验

B. 偶尔这样做

C. 让客户看看就行了

8. 你觉得夸大产品的功效对销售有帮助吗？

A. 不仅没有帮助，有时还起反作用

B. 适当夸张才能吸引客户

C. 有帮助

9. 在推介产品的时候，你会为了吸引客户而夸大其功效吗?

A. 实话实说，从不夸大

B. 偶尔添油加醋

C. 常常夸大，否则客户无法迅速做出决定

10. 示范、讲解产品的过程中，你会关注客户的反应吗?

A. 始终关注

B. 讲解结束后才关注

C. 不太关注

[计算方法]

A、B、C选项对应的分值分别是5分、3分、0分，将各题得分相加，计算出总分。

[测试结果解析]

30分及以下：说明你在产品讲解和示范方面的思维存在许多误区或是能力还有很多不足，需要不断改进和提高。

31~45分：说明你在产品讲解和示范方面的思维存在某些误区或是能力还有某些不足，需要进行修正和弥补。

46~50分：说明你在产品讲解和示范方面的思维或能力都很优

秀，要继续保持。

细节辨析答案

1. 错。在网络时代，产品口碑的传播速度加快，只有好口碑才能带来好销量。

2. 错。能体现产品与同类产品差异性的卖点，才能吸引客户的关注，并不是随便找一个就行。

3. 对。

4. 错。任何产品都有瑕疵，过于完美会显得不真实，反而会让客户产生怀疑。

5. 对。

6. 对。

第七章

应变能力课——
化解客户拒绝之意的
细节处理

遭到客户拒绝不是失败，而是成功的一部分。

——戴夫·多索尔森

拒绝 ≠ 失败

▶客户表现出拒绝之意时，你的心里有何想法?

▶面对客户的拒绝，你会产生失败即将来临的感觉吗?

在销售过程中，销售员需要明白一个简单的道理：拒绝≠失败。任何一个人，都不可能得到所有人的认可；任何一个销售员，也不可能得到所有客户的认可。所以，遭到拒绝是一件非常正常的事。

另外一个重要的观念是，销售员遭到的拒绝越多，成功的可能性就越大。这么说是有道理的。销售员拜访的客户越多，拜访客户的次数越多，被拒绝的次数才会越多；销售员不去拜访客户，虽然不会失败，但是也完全没有成功的可能性。

1. 保持正确的态度

被客户拒绝时，销售员如果态度恶劣，不仅对化解客户的拒绝之意没有丝毫帮助，反而会让客户心生反感。同时，这也意味着销售员失去了与客户继续沟通的机会。所以，即便客户拒绝合作，不愿签下订单，销售员也要保持始终如一的礼貌态度，以求给客户留下良好的印象，这样才有化解客户拒绝之意的机会。

2. 了解客户拒绝的原因

客户表示拒绝是一种很正常也很普遍的现象，销售员不应该对此感到恐惧。只要销售员能够弄清客户拒绝购买的真正原因，就能对症下药，成功化解客户的拒绝之意。如果客户拒绝只是出于防范心理，销售员就要以相对温和、轻松的方式继续与客户交流；如果客户是发自内心的真正拒绝，那就要保持优雅而礼貌的态度，把精力放在拓展客户的关系上。

3. 坚持三分钟

客户明确表示拒绝的时候，销售员不能继续死缠烂打，但也不能轻易放弃。销售员可以礼貌地询问客户为什么拒绝，并判断是否还有转机，如果有，那就可以诚恳而坚定地请求客户："给我三分钟，三分钟就好！"客户被销售员的真心打动，也许就会在这三分钟之内签下订单。

4. 摆脱沮丧情绪

客户的拒绝并不可怕，销售员应该以积极正面的态度看待拒绝，而不能一被拒绝就表现出沮丧之情。要知道，客户总是希望可以在交易中占据主动，表示拒绝只是他们常用的一个手段而已。所以，无论客户以什么理由拒绝，销售员都不能消极地认为销售已经失败了。

总而言之，销售员被客户拒绝时不该感到害怕，而应该学会尽情享受这种拒绝。找到客户拒绝的原因，并以积极的态度去应对和处理，才能从根本上解决问题，最终化解客户的拒绝之意。

细节回顾

- 客户表示拒绝的原因多种多样，销售员应该进行合理的分析。
- 销售员不该对客户的拒绝感到害怕，越害怕、沮丧，就越想不到解决的办法。
- 遭到拒绝是常有的事，只有坚持推销，才能不断积累经验，为下一次的推销打下基础。

数位游戏：只计算销售成功的次数

▶ 做销售的过程中，你更关注成功的次数还是失败的次数？

▶ 你认可"销售是一种数位游戏"这种说法吗？

对于销售员来说，被拒绝如同家常便饭。即便是顶级销售员，也难免遇到失败。销售新手被拒的次数要比顶级销售员多出数倍甚至数十倍。

博恩·崔西说过："成功的销售所遇到的拒绝要比失败的销售所遇到的拒绝多出两倍。"从实践角度上说，销售就是一个不断面对客户拒绝的工作。想要获得成功，只能不断去尝试。相关调查显示：在所有销售成功的案例中，销售员对同一客户拜访五次以上才最终拿下订单的情况，占据了80%的份额。但令人遗憾的是，有80%的销售员都没能坚持对同一客户拜访五次以上。当失败不断出现时，大多数销售员选择了放弃或是更换推销对象。

对于遭受客户的拒绝，乔·吉拉德这样说："当我被第七次拒绝以后，我会开始想：或许他不打算买，但我还要再试三次。"对于销售员来说，失败十分常见，如果每天都紧盯着自己的失败，那就很难从失败的阴影中解脱出来，更无法看到潜在的成功机会。

对于销售员来说，万万不能只关注自己失败的次数，被拒绝几次之后，便主动放弃推销。而应该计算自己成功的次数，即便被拒绝一百次，只要有一次成功了，那么推销工作就是有价值的。

张烨是一家食品公司的销售员，每天风吹日晒地跑业务。

一天，张烨和一个同事先后跑了十家超市，但是只有一家超市对他们推销的产品感兴趣，同意进行试销。

张烨的同事感觉非常沮丧，说："我们跑了十家超市，才有一家愿意试销，比例太低了。"

张烨却不以为然，笑呵呵地说："我倒不这么觉得。按照这个比例，如果我们跑一百家超市，那愿意试销我们产品的不就有十家了吗？如果我们再跑得多一点，那愿意和我们做交易的超市也会更多的。"

张烨满怀激情地回到公司，总结了当天的得失，制作出一份更好的销售方案，准备迎接第二天的挑战。

遭受失败时，产生沮丧感是人之常情，但是如果就此认定自己将面临"惨败"，失去了总结经验教训的精神，没有了制作新方案的激情，不对推销工作做出适当的改进和调整，那么就无法在下一次的推销中获得成功。

销售员不应该简单地把失败看作失败，而应该将失败的经历看作一种学习的过程，从中总结经验，并据此适当地调整销售方向。失败虽然遗憾，但并非不可战胜。

从某种意义上说，销售就是一个数位游戏，销售员接触的客户越多，得到订单的机会就越多，赚的钱也就越多。学会玩这个数位游戏，只计算销售成功的次数，销售员就能更加积极、乐观地投身于销售工作之中。轻松、乐观的心态，有助于销售员开动大脑，激发想象力，更加灵活、巧妙地化解客户的拒绝之意。

细节回顾

- 坚持拜访同一个客户，在被拒次数积累到一定程度后，订单就会来临。
- 遭受失败是一个学习的过程，依据反面反馈调整销售策略，下一次的销售会有更好的效果。
- 拜访更多的客户，不断增加销售对象的基数，成交量自然会有相应的提升。

给客户一个购买产品的理由

▶ 你是对介绍产品重视一些，还是对给客户寻找购买理由重视一些？

▶ 你知道如何给客户找到购买理由吗？

　　德国著名管理和销售培训专家埃里希-诺伯特·德特洛伊说过：
"不要害怕客户任何形式的拒绝，只要你抓住一个关键点，弄清客户拒绝购买的真正原因，一切问题就会像医生找到了病因一样变得明朗起来。"在销售过程中，销售员不仅需要了解产品的优势、卖点，还要给客户找到一个购买产品的理由。

　　客户选择购买一种产品，一定有自己的理由。无论是实用价值还是装饰价值，客户都会仔细权衡一番。在掏钱购买之前，他们的头脑中会不断浮现这样一个问题："我为什么要购买这个产品？"

　　与此相应的是，在每一次销售中，销售员都需要想明白一个问题："如何给客户一个购买产品的理由？"找到了这个理由，就能打动客户，让客户从内心深处接受推销。所以，随时都能创造一个打动客户的理由，是销售员必须具备的能力。

具体而言，销售员可以从以下四个方面着手，找到打动客户的理由。

1. 观察客户

一名优秀的销售员，能通过客户的衣着、打扮、语音等，大致看出客户的身份、地位和品位，能从客户的走路姿态、表情等看出客户的心理状态，等等。这些细节看似与销售无关，实则不然，洞察力强的销售员，往往能在观察客户的过程中发现一些潜藏的信息。

2. 倾听客户谈话

在观察客户之余，倾听客户与朋友之间的谈话，也是一个为客户寻找购买理由的优质途径。通过倾听，可以了解客户的消费习惯、审美标准、兴趣爱好等，这些信息将有助于销售员选择推介方向，进行更加精准的销售。

3. 巧妙提问

了解客户的部分信息之后，销售员可以尝试提出一些有针对性的问题，以此了解客户的购买意图、真实想法等更多信息。在这个过程中，销售员可以得到更多反馈，对客户的认知会更加清晰，为客户寻找的购买理由也会更加准确。

4. 判断客户

在对客户有了一定的认知之后，销售员便可以对客户做出相应的判断：他喜欢什么类型的产品，注重产品的什么功能，对产品有什么特殊要求，等等。有了初步的判断，便可以据此设计符合客户要求的推荐方案，这种推荐往往效果极佳。

客户购买产品，无非是产品符合他的某种需求。只不过，有些销售员的推销并没有抓住客户的重点需求，所以才会遭到客户的拒绝。实际上，销售就是要为客户找到一个购买产品的理由。销售员不但要积极地推销自己的产品，还要了解什么样的理由才能打动客户。当销售员找到这个具有针对性的理由之后，就可以运用各种推销手段，让客户打开自己的钱包，将产品买回去。

细节回顾

- 客户表示拒绝，通常是因为销售员没有找到打动客户的关键点。
- 任何客户购买任何产品，都有一定的理由，与这一理由相吻合的产品才有吸引力。
- 销售就是一个为客户寻找购买理由的过程，找到这个理由，推销成功的可能性将会大增。

让客户一直说"是"

▶在销售过程中，你有没有尝试让客户一直说"是"？

▶客户一直说"是"，对其心理会有什么影响？

　　面对客户的拒绝时，有些销售员更愿意用辩论的方式来说服客户，让客户接受自己的观点，购买自己推销的产品。但是，许多客户都无法接受这种沟通方式，面对一个口若悬河地试图说服自己的销售员，客户往往会心生不快，甚至勃然大怒。

　　所有的销售员都知道，任何一次销售沟通，最终的结果无非有两个：一个是客户表示同意，签下订单；另一个是客户表示拒绝，不愿和销售员达成合作意向。面对客户拒绝的情况，销售员必然要想方设法地化解拒绝之意，而让客户多说"是"，无疑是一个极为有效的方法。其中的道理再简单不过：一个只能说"是"的人，是没有机会说出拒绝的话的。

　　有一家企业，本来计划采购一辆载重四吨的卡车，而且已经与一位销售商达成了采购意向。可是，由于预算出现问题，企业高层打算放弃之前的计划，转而购置一辆载重两吨的卡车。之前已经达成采购意向的销售商得到企业的通知之后，立即派出最有经验的销售员，希望改变对方企业高层的想法。

　　销售员面见对方企业高层之后，与其进行了一番对话。

　　销售员："一般来说，贵公司运输的货物有多重？"

　　企业高层："两吨左右吧，要看实际情况。"

　　销售员："您的意思是，购买哪种卡车，要依载货量和路况而定，是吗？"

　　企业高层："是的。"

　　销售员："假如路况不佳，而且天气寒冷，卡车的负担就会变重，是吧？"

　　企业高层："是的。"

　　销售员："据我了解，贵公司冬季的销售情况更好，是吗？"

　　企业高层："是的。夏天时我们的销售情况并不理想。"

　　销售员："那么，冬天时贵公司的卡车是不是有偶尔超载的情况？"

　　企业高层："是的，我们也是迫不得已。"

　　销售员："总结一下，贵公司的卡车在冬季的使用频率较高，且偶尔超载，但是冬季的路况并不是很好，是吧？"

企业高层："是的。这些都是让我们头疼的问题。"

销售员："既然如此，贵公司是不是非常看重卡车的使用寿命呢？"

企业高层："是的，那是当然。"

销售员："为了帮您更好地进行比较，我已经准备好了两种卡车的相关数据，包括损耗、使用寿命等，您可以根据这些数据做出判断，看看哪种卡车性价比更高。不知道您有没有兴趣？"

企业高层："我当然感兴趣，拿过来给我看一下。"

企业高层认真查看了一下数据，然后自己又核算了一遍。最终，企业高层按照原定的采购计划购买了载重四吨的卡车。

销售员根据企业高层认可的事实，提出了一些问题。表面上看，销售员似乎给了企业高层选择的余地，但是实际上高层只能不断回答"是"。随着肯定次数的增加，企业高层逐渐对销售员产生了好感，觉得销售员说的话都是为了自己好，自然而然地降低了拒绝的可能，生意就能很顺利地达成了。

在销售实践中，销售员想方设法地让客户说"是"，往往可以赢得客户的好感。只要能引导客户不停地说，那么即便销售员提出一些难以得到肯定答案的问题，客户也会在惯性思维的影响下，更加倾向于给出肯定的回答，这对于化解客户的拒绝之意无疑具有十分积极的意义。

细节回顾

- 想让客户说"是",并不是简单的事,从客户认可的事实入手,客户更容易回答"是"。

- 在沟通过程中,销售员需要不断思考,寻找让客户一直说"是"的机会。

- 销售员应该想方设法让客户跟着自己的思路走,客户认可得越多,拒绝的意图就越少。

门把法：跨出大门的瞬间来个反败为胜

▶ 客户不愿正面说出拒绝原因时，你会轻易放弃吗？

▶ 门把法是种什么样的策略？应该如何实施？

被客户拒绝是销售员每天都会经历的事情，相信很多销售员都已经习以为常，并不会因为一两次的被拒就丧失信心。只要客户愿意说出拒绝的原因，销售员就有了沟通的方向，交易就有成功的可能。但是，如果客户不愿直接说明拒绝原因或是故意敷衍了事，那么销售员想要准确应对或化解客户的拒绝之意，就会变得非常困难。

在销售实践中，比较常见的沟通情况如下：

销售员：您觉得产品怎么样？

客户：挺好的。

销售员：那您要不要试用一下？

客户：不要。

销售员：您是不是还有什么疑问？

客户：没有。

销售员：那是不是我有什么地方做得不妥？

客户：你做得挺好的。

销售员：您有没有更好的建议？

客户：没有。

销售员：那您要不要先尝试一下？

客户：不要。

……

与这样的客户交流，沟通往往能无限循环下去。无论销售员怎样询问，客户总是给出简洁、无意义的答案。在很多销售员看来，谈话如同陷入了死循环一般，根本没有办法真正走进客户的心里，无法找到解决问题的办法。

实际上，面对这样的客户时，门把法是一个很好的策略。如果销售员觉得实在谈不下去，那不妨收拾东西主动告辞。当销售员抬脚往外走的时候，客户的防备心理就会有所松懈，对销售员的抗拒便会迅速减少。销售员抓住门把开门，一脚站在门里，一脚站在门外的时候，可以转过身来，礼貌地向客户鞠躬，然后说："谢谢您的招待！我从您这里学习到很多东西。最后还要请您帮个小忙：我们公司有规定，当销售员无法与客户实现合作时，得烦请客户指出销售员或产品或服务有哪些不足，以便我们提升服务品质。所以，拜托您给我指点一下，这样我以后也能有所改进。谢谢您！给您添麻烦了！"

这种情况下，客户往往会说出拒绝的原因。明确了原因之后，销售员就可以先行处理那些能够解决的问题，从而迅速投入新的沟通之中，继续销售过程。

门把法是一种用来麻痹客户思想的策略，当他们放松警惕的时候，就会减少防备。此时征询他们的意见，往往可以得到想要的答案。当了解到客户拒绝的真正原因后，销售员一定要再次向客户推销，坚持不懈，就能成功拿下订单。

细节回顾

- 无论客户如何敷衍了事，销售员都要在尊重客户的前提下耐心对待。

- 客户不愿直接说明拒绝的原因，销售员不妨主动告辞，让客户卸下心理防备。

- 通过门把法了解客户的真实想法之后，销售员可以立刻开启新一轮的沟通。

课后习题

细节辨析

认真阅读下列陈述，辨析所述细节是对还是错。

1. 一旦被客户拒绝，就意味着销售失败了。

2. 销售员不能在同一个客户身上尝试多次销售，以免浪费时间和精力。

3. 掌握客户的消费习惯、审美标准、兴趣爱好等，将对销售员精准销售有所帮助。

4. 让客户不断说"是"，他们就会对销售员产生好感，也就不会轻易说出拒绝的话。

5. 门把法是一种可以麻痹客户思想的策略，让客户放松心理戒备，更容易让他们说明拒绝原因。

6. 既然客户说"没时间"，销售员就应该等到客户有时间时再去推销，以示对客户的尊重。

技能测试：测测你的心理素质和应对能力

销售工作充满挑战，销售员每天都会遭受挫折和失败，所以一名优秀的销售员需要良好的心理素质和较强的应对能力。试着回答下面的测试题，看看自己的心理素质和应对能力如何。

1. 你骑自行车闯了红灯，被交警拦下，你有急事，交警却不紧不慢地处理，这时你会怎么做？

　　A. 急得满头大汗，不知如何是好

　　B. 诚挚地向交警道歉

　　C. 听之任之，不做解释

2. 参加朋友的婚礼时，你在毫无准备的情况下被邀请发言，你会怎么做？

　　A. 磕磕巴巴什么都说不出来

　　B. 感觉十分荣幸，简单说几句

　　C. 很淡然地谢绝了

3. 你在餐厅吃完饭，准备付钱时忽然发现钱没带够，你会怎么做？

　　A. 觉得十分窘迫

　　B. 自嘲一下，立刻向服务员说明真相

C. 在身上四处摸索，拖延时间

4. 乘坐公共汽车时，你忘了买票，结果被乘务员发现，你的反应是怎样的？

A. 尴尬，冷汗直流

B. 镇定自若，接受处理

C. 强作微笑

5. 独自被关在电梯里时，你会怎么做？

A. 惊慌失措

B. 自己想办法出去

C. 保持镇定，等待救援

6. 有人像老朋友一样跟你打招呼，可是你想不起来对方是谁，你会怎么做？

A. 假装没听见

B. 坦率地承认自己想不起来了

C. 沉默地看着他

7. 从商店出来之后，你忽然发现有件商品没有付钱，看到店主跟上来，你会作何反应？

A. 心跳加快，惊慌失措

B. 主动诚恳地向店主解释

C. 立刻返回去付款

8. 你从国外旅游归来时携带了超过规定数量的烟酒，海关官员要求检查行李时，你会有什么反应？

A. 非常害怕，双手直抖

B. 若无其事，接受检查

C. 与海关官员争论，拒不接受检查

计算方法

A、B、C选项对应的分值分别是0分、5分、2分，将各题得分相加，计算出总分。

测试结果解析

25分及以下：说明你的心理素质很差，非常容易失去心理平衡，变得局促不安，甚至不知所措。

26～32分：说明你的心理素质比较强，情绪保持得比较平稳，遇到事情的时候通常不会惊慌失措，但是有的时候会采取消极应付的态度。

33～40分：说明你的心理素质非常好，几乎不会遇到让你感觉尴尬的事情。你的应变能力极强，大部分时间都能镇定自若。

细节辨析答案

1. 错。如果客户有拒绝之意，只要找到客户拒绝的原因，销售就能继续下去。

2. 错。坚持拜访同一个客户，帮客户解决所有的问题，客户才愿意购买。

3. 对。

4. 对。

5. 对。

6. 错。"没时间"或许只是一种借口，需要销售员进行分析并化解。

价格博弈课——
与客户讨价还价的
细节处理

如果你不想降低价格销售你的产品，就必须向对方证明你的产品价格是合理的，值那个价格。

——齐格·齐格勒

多重报价：让客户忽略讨价还价

▸为了降低客户砍价的可能性，你通常会采取哪些措施？

▸进行多重报价时，你一般会怎么做？

每个人都希望自己能够得到最大的利益，所以讨价还价是人之常情。销售员必须明白一点，那就是客户不会轻易在价格上做出让步。那么，如何才能让客户对价格不那么斤斤计较呢？一个有效的办法，就是采用多重报价。

所谓多重报价，就是给客户多种选择方案。如果只给客户一种方案，客户首先想到的就是如何砍价；而如果给客户多种方案，客户的注意力就会转移到"哪种选择更划算"上。

一旦客户开始思考哪种方案是最佳选择，他们自然而然地就会忽略砍价，而是将几种方案进行对比。无论客户最终选择哪种方案，对于销售员来说都是一次成功的推销。

　　孙玲是一家珠宝公司的销售员，一天，一位女士来到柜台，拿出一张图片，问："你们能定做这种款式的胸针吗？"

　　孙玲接过图片看了一下，回应道："我们公司有相似的胸针出售，可以定做。"

　　"我想用质量上乘的滴水珠，直径8毫米。大概是什么价格？"

　　"配件部分，您想用什么材质的？材质不同，价格也不同。"

　　"配件用银的。"

　　"您准备定做多少个？多的话就便宜一些。"

　　"5000个吧。"

　　"好的，您稍等一下，我给您算一下大概需要多少钱。"

　　认真核算之后，孙玲对那位女士说："珍珠50元一个，合金配件2元，铜质配件3元，925银配件6元，925纯银配件10元。您看哪种搭配方式更合适一些？"

　　"嗯，那就925银的吧！"

　　销售员多给客户几个方案让其选择，客户往往会从中选择一个自认为比较合适的，就此确定下来。而且，这种细致的做法会让客户觉得销售员是全心全意地为他服务，从而赢得客户的好感和信任。

　　当然，多重报价也并非完美无缺。销售员需要注意以下事项：

01 客户要求将每一项单价详细列出的时候，销售员万万不可照做，以免给客户制造逐项还价的机会。

02 客户选定方案之后还要砍价，销售员千万不要轻易降价，而要跟客户进行某种交换，比如，降价可以但不太重要的附加服务要减少等。

多重报价可以给客户更多的选择，让客户觉得主动权掌握在自己手里，无论最终结果如何，都是客户自己做出的选择，而不是被迫接受某一种价格。如果只有一种价格，客户会感觉受到了胁迫，于是只能以砍价来彰显自己的主动权。

从最终结果来看，多重报价无形中减少了客户砍价的机会，即使客户在选定某种方案后依然选择砍价，销售员也可以通过交换的方式来维护自己的利益，让客户明白不讲价是有道理的。

细节回顾

- 在销售过程中，讨价还价往往是一件必须经历的事情，销售员应该以平常心对待。

- 客户砍价，并不单单是想获得金钱上的利益，还有对交易主动权的渴望。

- 给客户多准备几种选择方案，客户往往会从中选择其一，客观上降低了砍价的可能性。

金额细分法：淡化客户的价格敏感度

▶客户讨价还价，你是如何应对的?

▶如何才能淡化客户对价格的敏感度?

　　一般来说，在销售活动中，销售员和客户争议的焦点大多会集中在产品的价格上。无论销售员给出的报价是多少，客户总会觉得太高。诸如"这个价格太贵了""不行，便宜点"之类的说法，相信很多销售员都听到过。

　　面对客户的讨价还价，很多销售员都感到十分头疼，不知道如何应对才好。对于这种情况，齐格·齐格勒曾说："在你与客户谈到成交阶段的敏感话题——客户需要预付的金额时，最明智的做法就是想办法把金额的总数分解转化成客户将得到的利益，从而淡化客户的敏感度。"

　　其实，不止齐格·齐格勒会采取这样的做法，很多销售大师都会用这种方式来应对客户讨价还价的行为。

　　金克拉销售过一种新型材质的锅，这种锅品质高端，甚至子弹都无法在上面留下痕迹。这种品质的产品，价格自然不菲，一位客户听到锅的价格时，立刻大呼："太贵了！"

　　客户有这种表现，金克拉并不意外，他礼貌地问客户："您觉得，贵了多少呢？"

　　"200美元吧。"

　　"您觉得这口锅能用多少年呢？"

　　"质量这么好，说不定能一直用下去。"

　　"好吧，咱们就以这口锅能用10年为例来计算，这口锅每年只需要多花您20美元。没错吧？"

　　"是这样的。"

　　"每年20美元的话，每个月就是1美元75美分。您家一天要做几次饭？"

　　"两三次吧！"

　　"就按两次算，您家一个月也要做60次饭。这么算来，您每做一次饭，也就比用其他锅做饭多花了不到3美分。更何况，咱们是按照最低标准算的，如果您使用的时间更长，做饭的次数更多，那多花的钱就更少。这么看来，这口锅其实还是挺划算的。您说呢？"

听完金克拉的计算过程，客户欣然买下了这口锅。

金克拉所用的方法，叫作"金额细分法"，它是一种非常有效的应对客户讨价还价的方法。将具体金额由大化小，就能淡化客户对价格的敏感度，让客户觉得购买产品是物有所值的。

当客户讨价还价时，销售员如果不想降价，就必须向客户证明产品的价格是合理的，是产品价值的准确体现。如果将产品价格的总额分解为客户能够接受的一个个小数额，并强调客户能够从中得到的利益，客户往往就会愿意接受销售员的报价。

细节回顾

- 客户对产品价格的敏感度往往比较高，运用金额细分法可以淡化客户对价格的敏感度。
- 客户讨价还价是一种十分普遍的现象，价格也是销售员和客户产生矛盾的焦点所在。
- 将比较大的金额分解为一个个比较小的金额，并强调客户能够从中得到的利益，会让客户更愿意接受销售员的报价。

性价比：高性能匹配高价格

▶对于性价比，你有怎样的认识？

▶追求性价比，就是要不断降低产品的价格吗？

　　销售员销售产品，希望产品带来尽可能多的利润，所以价格越高越好；客户购买产品，总希望以最低的价格获得最高的实用价值，所以价格越低越好。价格是销售员和客户产生矛盾的焦点所在。

　　如果能以最低的价格买到品质最好的产品，相信谁都不会拒绝。所以，在销售过程中，客户总会想方设法地让销售员降价，以实现产品价值的最大化。面对客户砍价的行为，销售员可以着重强调产品的性价比，让客户意识到产品的价格是以高性能为基础的。

　　当然，与客户讨价还价的过程中，销售员应该注意以下三点。

1. 价格是把双刃剑

产品价格较高时，销售员可以得到较好的业绩，获得较大的利润，也能为公司创造较高的价值；产品价格较低时，销售员能够更快地将产品销售一空，赢得更多的客户，为公司带来良好的口碑，无形中起到了宣传的作用。由此不难看出，对于销售员及其所在的公司来说，产品价格无疑是一把双刃剑，如何更好地使用它，是销售员需要重视的问题。

2. 价格对客户的决策有极大影响

随着市场的透明度越来越高，客户对产品的价格越来越了解。面对诸多性能类似的产品，客户往往愿意选择价格较低的一种；如果同质产品只有一种，客户往往会选择砍价，希望以更低的价格购入产品。无论何种情况，客户对低价的追求是不变的，只有让客户觉得物美价廉，他们才愿意做出购买决定。

3. 价格与性能成正比

性能较好的产品，生产成本自然较高，销售价格也会随之提高。也就是说，产品的价格与产品的性能是成正比的。客户对产品价格持怀疑态度，或是要求销售员降低价格，是因为他们并不了解产品的材质、性能等，销售员要着重强调产品的性价比，让客户意识到"一分钱一分货"的道理。

客户砍价的时候，销售员可以强调性价比，这是打动客户的一条有效途径。销售员将同类产品放在一起进行比较，可以让客户亲身感受到产品之间的差异，当客户意识到产品的性能确实配得上它的价格，甚至是物超所值时，他们就会产生购买的欲望。

细节回顾

- 客户永远追求以最低的价格买到最好的产品，所以砍价是难以避免的。

- 客户嫌产品价格高而砍价时，销售员可以重点强调产品的高性能，只要性能与价格匹配，客户往往会因高性价比而选择购买。

- 高性价比是谢绝客户砍价的有力武器，让客户产生物超所值的感觉，他们便不会在价格方面过多纠缠。

主动示弱：同情心让客户放弃砍价

▶与客户讨价还价时，你时常采取什么措施?

▶你能掌握好主动示弱的时机吗?

从尊重客户的角度来说，销售员与客户的沟通，很多时候并非处于平等地位，这是因为，客户是销售员的衣食父母，很多销售员往往会在心态上处于劣势地位。当客户砍价的时候，很多销售员会不自觉地出现退缩的情况，以至于轻轻松松就接受了降价的提议。

销售员面对客户时，很多时候确实无法占据主动，但是在讨价还价时，劣势地位有时反倒可以成为销售员的保护伞。

在客户咄咄逼人地要求降低价格时，销售员可以在恰当的时机适当示弱。当然，不要误会，这种示弱并非主动向客户认输，而是刻意做出一种姿态，让客户放松心理戒备的同时，激发客户的同情心，以求达到让客户放弃砍价的目的。

　　欢欢是一家服装店的销售员。一天，欢欢接待了一位女士。她看中了一套礼服，但是觉得价格太贵，就跟欢欢砍价。

　　"这个价格太高了，打个八折吧！"

　　"我们现在在搞特价，已经很便宜了。"

　　"我在别的店里看到类似的礼服，价格比这便宜很多。"

　　"您应该也仔细看过了，我家店里的礼服材质和别家店里的不一样。"

　　"平常也不怎么穿，买那么贵的也没多大用，如果你不降价，我只能到别人那里去买了。"

　　"我们已经没什么利润了，可以给您打个九五折。如果您坚持要打八折，我只能帮您垫付一部分钱了。"

　　"你是不是跟我开玩笑呢？"

　　"没有，我说的是真的。您给的这个价格太低了，经理肯定不会同意的。为了满足您的要求，我只好自己补齐货款了。我工资不高，还只能分期付款。"

　　"这样的话，我多不好意思啊！行吧，就按你说的那个价格，给我装起来吧！"

　　人们总是会对弱者多一份关注和同情，希望能为弱者提供一些帮助，让他们的生活变得更好。正是因为这样，当销售员主动示弱的时候，客户往往会产生同情心，不再固执地坚持降价的要求。

与客户讨价还价时，适时示弱是一项重要的技能。它是一门技术活，能够帮助销售员打开客户紧闭的心门。所谓"山重水复疑无路，柳暗花明又一村"，如果销售员发现针锋相对地与客户讨价还价并没有什么好的效果，那么不妨转换一下思路，适当地示弱将会为销售员开辟另一片天空。

细节回顾

- 从心理层面讲，很多销售员自认低客户一等，这种劣势让销售员不敢拒绝客户的砍价要求。
- 主动示弱并非刻意认输，这只是一种策略，能让客户放松心理戒备。
- 销售员主动示弱，会让客户产生同情弱者的心态，进而放弃降价的要求。

坚持底线：绝不轻易降低价格

▶价格的透明度越来越高，只有低价才能换来订单吗?

▶面对砍价的客户，怎样才能更好地坚持底线?

如今这个时代，人们能够接收外界信息的渠道越来越多，各种产品价格的透明度也越来越高。销售员想要像之前那样凭借信息不对等的优势去说服客户，显然已经不太现实。相对而言，销售员现在的工作确实不如以前好做。但是，如果销售员为了拿下订单而对客户唯唯诺诺，奢望以不断退让赢得客户的认可，显然是不可取的做法。

要知道，无论产品价格降到多低，客户都不会满意。轻易地降价、一味地降价、大幅地降价等，都是不正确的做法。客户越能轻松地实现砍价的目的，就越会想要更低的价格。这是人的欲望决定的。更严重的是，客户会对价格、销售员甚至销售员所在的公司产生强烈的不信任感，觉得销售员的报价浮动空间很大，产品价值有些虚高。一旦客户产生这种认知，那么怀疑的种子就会在客户的头脑中生根发芽，销售员的销售工作必然会以失败告终。

王蔷是一名房地产公司的销售员，在一个新开盘的项目做销售工作。楼市遇冷，王蔷的收入大不如前，一旦有客户前来咨询，王蔷就恨不得马上与之签订合同。

"您好！这是我们公司新推出的楼盘，我给您介绍一下？"

"不急着介绍。这房子多少钱一平啊？"

"12800元，很便宜的。"

"这个价格也不低啊！"

"现在有很多优惠活动，价格还可以降低的。"

"能降多少？"

"给您个最低折扣，每平方米可以便宜1000元左右。"

"还是有点高。"

"您真想买的话，我就帮您申请一个内部价，每平方米还能再降低1000元左右。"

"你们这个定价水分也太多了，8000元一平是不是也能卖啊？"

"这个……真不行。"

"不行啊，那就算了。"

在一个经验不足的销售员身上，常常能够看到王蔷犯下的错误。从本质上说，这是因为销售员在思想上出现了偏差，认为客户就是上帝，只有让客户满意，才有可能赢得订单。

实际上，并不是客户提出的所有要求都应该得到满足，尤其是在价格方面。如果销售员一而再，再而三地满足客户提出的降价要求，或是客户没有要求降价，销售员便主动降低价格，幻想着满足客户的要求之后，便能得到客户的订单，就只会让客户得寸进尺。

从相关的销售经验中，可以总结出一个令人遗憾的事实：客户的降价要求越容易得到满足，他们想要的成交价格就越低，对销售员及销售员推销的产品，乃至于对销售员所在公司的怀疑也会越多。也就是说，销售员的一味退让非但不会让客户对其产生好感，其可信度反而在一步步的退让中慢慢被削弱。

销售员一旦无法准确定位，给客户不断砍价的机会，那么销售员就要疲于应付客户不断升级的降价要求。一次让步，次次让步，越往后就越难坚持自己的价格底线。所以，无论在什么情况下，销售员都不能轻易降低产品的价格，"以低价换订单"的想法不是一个优秀销售员该有的。

细节回顾

- 随着信息传播渠道的增多，产品价格的透明度越来越高，这给销售员提出了新的挑战。

- 客户永远不会嫌价格低，所以销售员不能轻易接受客户降价的提议。

- 销售员要坚持自己的底线，任何时候都不能产生"以低价换订单"的想法。

双赢：讨价还价的最佳结果

▸在价格谈判中占据上风时，你会主动给客户留出议价空间吗？

▸讨价还价的目的是什么？

在销售过程中，讨价还价是绕不过去的一个坎儿，客户希望花的每一分钱都能够为自己带来最大的利益，销售员则希望通过高价销售迅速提升业绩。双方有着不同的诉求，难免会围绕价格展开一番"激战"。

和客户进行价格磋商时，销售员要明白一个道理：价格博弈的结果从来没有单方面的胜利，只有双方实现共赢。

如果销售员一味坚持自己的观点，非要按照自己设定的价格成交，那很可能会破坏与客户之间的关系，令交易失败。毕竟，没人愿意平白无故地遭受损失，也没人愿意心甘情愿地成为谈判的失败者。尤其对于客户而言，他们本身是"上帝"，是销售员应该恭维的对象，可是在讨价还价中占不到一丝便宜，显然与他们的心理预期相距甚远。在这种情况下，无论销售员把自己推销的产品说得多好，也很难打动客户。

销售员的业绩和收益来自客户，只有客户愿意购买产品，销售员才有生存的空间。所以，销售员想要成交，就要给予客户应得的利益。想要实现双赢，销售员应该做好以下四个方面的工作：

•真诚地与对方沟通，让客户感觉销售员的报价是童叟无欺的。

•站在客户的角度上表达观点，让客户觉得销售员是在为自己推荐物有所值的产品。

•适当让步，满足客户的虚荣心，让客户有成就感。

•让客户得到应得的利益，即便得不到利益，也要得到面子。

与客户讨价还价时，销售员不仅要考虑自己的利益，也要让客户得到益处。如果销售员一直占据上风，不给客户留出议价的空间，那么最终就很难成交。即便客户因为没有其他选择而被迫与销售员达成交易，客户心中也会认定这个销售员不是一个理想的合作伙伴。一旦市场有了变化，客户有了新的选择，销售员就会永远地失去这位客户。

所以，在讨价还价的过程中，销售员即便占据先机，也要给客户留有余地。否则，合作难以长久。

讨价还价的最终目的并非是战胜对方，而是达成交易。一次成功的讨价还价，应该是销售员和客户都不会遭受损失，双方实现战略和利益上的共赢。只有这样，才能有效实现成交并保证未来的长期合作。对于交易双方来说，双赢才是讨价还价的最佳结果。销售员只有把握这一细节，才能在价格博弈中真正占据优势。

细节回顾

- 客户希望以最低的价格得到最大的利益，销售员希望以最高的价格出售产品，两者之间的矛盾，使得讨价还价成为销售活动的必备要素。
- 价格博弈的结果，要么双方都输，要么实现共赢，不会出现一方获胜的情况。
- 给客户留出余地，让客户体会到议价成功的成就感，客户才愿意完成交易。

课后习题

细节辨析

认真阅读下列陈述，辨析所述细节是对还是错。

1. 给客户多重报价，会让客户有更多选择，延缓了交易进度。

2. 想办法将产品价格的总额分解为客户能够接受的一个个小数额，可以淡化客户的敏感度。

3. 追求较高的性价比，可以通过低品质产品匹配低价格来实现。

4. 主动示弱并非向客户认输，而是刻意做出一种姿态，让客户放松心理戒备。

5. 客户要求降价时，销售员应该满足客户的需求。

6. 价格博弈的结果从来没有单方面的胜利，只有双方实现共赢。

技能测试：你是一个专业的销售员吗

作为一名销售员，专业性是十分重要的一个基础要求。那么，你是一个专业的销售员吗？试着回答下面的测试题，看看你是不是一个专业的销售员。

1. 客户向你咨询有关产品的问题，可你恰巧不知道，你会怎么做？

　　A. 给客户一个听起来非常好的答案（1分）

　　B. 装出专业的样子，给出一个自认为正确的答案（2分）

　　C. 将客户的问题转呈给经理（3分）

　　D. 承认自己无法回答，然后向同事请教（5分）

2. 客户说的话有误时，你会怎么做？

　　A. 打断客户，并纠正客户的错误（1分）

　　B. 进行反问，让客户自己发现错误（2分）

　　C. 认真倾听，然后转换话题（3分）

　　D. 认真倾听并找出错误所在（5分）

3. 感觉懈怠时，你会怎么做？

　　A. 请一天假，暂时不工作（1分）

　　B. 少拜访几位客户（1分）

　　C. 请经理和自己一起去拜访客户（3分）

D. 迫使自己更努力地工作（5分）

4. 对于经常拒绝你的客户，你会怎么做？

A. 少去拜访（1分）

B. 根本不去拜访（1分）

C. 向经理请示换个销售员去试试（3分）

D. 经常去拜访，以求改变客户的想法（5分）

5. 客户说"价格太高"时，你会怎么做？

A. 赞同客户的看法，然后转换话题（1分）

B. 尽力与客户争辩（2分）

C. 对客户的说法不予理会（3分）

D. 赞同客户的看法，告诉他一分价钱一分货（5分）

6. 对客户的反对意见进行解释和回答之后，你会怎么做？

A. 转换话题，继续销售（1分）

B. 保持沉默，等待客户说话（2分）

C. 继续举证，不给客户反驳的机会（2分）

D. 尝试和客户完成签单（5分）

7. 你进入客户的办公室时，他正在忙于工作，你会怎么做？

A. 开始展开销售说明（1分）

B. 请求客户聆听自己说话（2分）

C. 请求在合适的时间再来拜访（3分）

D. 等客户忙完手头的工作再开始（5分）

8. 你打电话希望拜访一位客户，但是接电话的是客户的秘书，你会怎么跟秘书说？

A. 告诉她你希望和客户商谈（1分）

B. 告诉她这是一件私事（1分）

C. 告诉她你希望和客户聊聊你的产品（2分）

D. 向她解释你的拜访能给客户带来巨大的益处（5分）

9. 客户表现得很激进时，你会怎么做？

A. 拍客户的马屁（1分）

B. 有些谦卑地回应（1分）

C. 证明客户犯了错误（1分）

D. 态度客气地回应（5分）

10. 面对一位悲观的客户时，你会怎么做？

A. 告诉客户他的悲观思想是不对的（1分）

B. 对客户的悲观思想一笑了之（2分）

C. 跟客户说一些开心的事情（3分）

D. 用事实证明你的观点是没有问题的（5分）

11. 向客户展示产品印刷资料时，你会怎么做？

A. 在客户阅读时，给他解释重点（1分）

B. 希望客户将资料张贴起来（1分）

C. 把资料留给客户，让他自己阅读（1分）

D. 先介绍印刷资料，再将重点念给客户听（5分）

12. 客户考虑购买竞争对手的产品，向你咨询竞品的情况，你会怎么做？

A. 指出竞品的缺陷（1分）

B. 开个玩笑转移客户的注意力（1分）

C. 赞赏竞品的特性（3分）

D. 只表示略有所知，然后继续销售自己的产品（5分）

13. 客户询问何时能够送货时，你会怎么做？

A. 告知送货时间，然后继续介绍产品的特性（1分）

B. 告知送货时间，并等待客户做出决定（1分）

C. 边告知送货时间，边拿出订单（3分）

D. 边告知送货时间，边照应其他客户（5分）

14. 客户抱怨的时候，你会怎么做？

A. 打断客户的话，并指出他的错误所在（1分）

B. 赞同客户的看法，并将错误归咎于自己的经理（1分）

C. 认真倾听，虽然产品确实有瑕疵，但是否认自己的责任（2分）

D. 认真倾听，判断客户的说法是否准确，并适时解释或纠正（5分）

15. 客户要求打折的时候，你会怎么做？

    A. 不予理会（1分）

    B. 答应客户向经理提出申请（2分）

    C. 告知客户没有任何折扣（3分）

    D. 介绍公司的折扣情况，然后悉心介绍产品的特性（5分）

16. 零售商向你质疑产品销量不好时，你会怎么做？

    A. 向零售商介绍其他零售商的成功案例（1分）

    B. 告知零售商产品的陈列方式不准确（1分）

    C. 向零售商询问销量不好的原因，必要时允许零售商退
       货（2分）

    D. 巧妙地告知零售商销售产品的方法（5分）

17. 获得客户的订单之后，你会怎么做？

    A. 请客户到附近去喝一杯（1分）

    B. 短暂谈论一下客户的爱好（1分）

    C. 向客户表示感激之情，然后离开（3分）

    D. 感谢客户，恭喜他做了正确的决定，并再次介绍产品
       的特性（5分）

18. 做产品说明的最初阶段，你会怎么做？

    A. 先谈论一下早上的新闻（1分）

    B. 先谈论一下天气（1分）

C. 尝试去发现客户的爱好（3分）

D. 迅速切入正题，并说明客户能够得到的益处（5分）

19. 你觉得下面哪一种做法是充分利用时间的表现？

A. 和同事多交流销售经验（1分）

B. 学习更加有效的销售方法（2分）

C. 持续更新客户资料（3分）

D. 与客户面对面地沟通（5分）

20. 有第三者与客户寒暄时，你会怎么做？

A. 继续销售（1分）

B. 停止销售，等待时机（2分）

C. 请客户去喝咖啡（3分）

D. 另找时间拜访客户（5分）

【计算方法】

将每道测试题所选答案后括号内的分值相加，计算出总分。

【测试结果解析】

60分及以下：说明你的专业素养很弱，也许你并不适合做销售员。

61～69分：说明你的专业素养有些薄弱，需要进一步训练。

70～79分：说明你的专业素养尚可，是一名普通的销售员。

80～89分：说明你的专业素养不错，是一名较好的销售员。

90～99分：说明你的专业素养较高，是一名优秀的销售员。

100分：说明你的专业素养完美，是一名专业的销售员。

细节辨析答案

1. 错。给客户多重报价，客户往往会忽略砍价，而是将注意力放在对比几种方案孰优孰劣上。

2. 对。

3. 错。低品质的产品无法长期赢得客户认可，价格再低也只是一锤子买卖而已。

4. 对。

5. 错。客户对低价的追求没有终点，轻易降价反而会让客户对产品产生怀疑。

6. 对。

异议处理课——达成交易共识的细节处理

第九章

我很长时间才意识到，最大的客户往往是那些与你唱对台戏的人。

——弗兰克·贝特格

异议有真有假，找准"靶心"是辨别关键

▶ 客户提出异议的时候，你考虑过真假的问题吗？

▶ 如何判断客户提出的异议是真是假？

在销售过程中，销售员往往很少见到二话不说就把产品买走的客户，尤其是价格比较高的产品，客户更是会或多或少地提出一些异议。但是，客户提出的异议并不一定都是真的，某些异议只是他们的借口，目的是摆脱销售员或是实现利益最大化。

所以，当客户提出异议时，销售员应该做到心中有数，仔细辨别。只有将真异议和假异议区分开来，才能找到客户提出异议的真实原因，弄清客户提出异议的初始目的，然后再对症下药，妥善解决客户的异议。

真异议	客户提出的异议是其真实想法
假异议	客户提出的异议并非其真实想法，只是推托的借口而已

客户提出真异议，就意味着销售员的推销并不能让客户满意，客户对产品丝毫没有兴趣，或是对销售员提供的服务有所不满。客户提出假异议，一般有三种情况：第一种是客户敷衍、推托，真实原因是不想和销售员继续交流下去，不想和销售员产生联系或合作；第二种是客户故意为之，真实目的是想打压价格，实现自己利益的最大化；第三种是客户只是随便说说，无论销售员给不给出解释，他最终都会购买产品。大多数情况下，客户的异议都是假异议，之所以这样做，是因为人们总是习惯于隐藏自己的真实想法，不希望说出真实原因伤害销售员及彼此的感情。

对于销售员来说，只有弄清楚客户的真实想法，才有可能说服客户，让客户购买产品。所以，辨别真假异议是一项非常重要的工作。通常来说，销售员可以通过以下两点来判断客户的异议是真是假。

1. 分析客户提出异议的频率

假如客户在经过深思熟虑之后，才非常严肃、认真地提出异议，那客户提出的异议大多是真的。假如客户在很短的时间内提出了许多异议，那么这些异议极有可能是客户未经认真思考而提出的假异议。

2. 观察客户提出异议后的反应

假如客户提出异议之后不再说话，而是等待销售员给出解释或回复，那么客户提出的往往是真异议。假如客户提出异议之后将注意力转移到别处，对销售员的解释无动于衷，那么客户提出假异议的可能性很大。

在销售过程中，让客户产生异议的原因多种多样，既可能是产品本身的问题，也可能是销售员服务的问题，还有可能是客户自身存在问题。但是，无论客户提出哪个方面的问题，销售员的首要工作都应该是辨别异议的真假。这样做的目的，是要找出问题的"靶心"所在。只有找出客户提出异议的真正原因，才能发现问题的症结并有效解决它，进而促使交易顺利达成。

细节回顾

- 在每次推销过程中，客户都有可能提出异议，而且产生异议的原因是多种多样的。

- 客户提出的异议有真有假，销售员需要在处理的过程中进行准确的辨别和判断。

- 无论客户提出的异议是真是假，都要找到客户产生异议的真正原因，找到"靶心"，才能有效解决问题。

巧妙提问：异议是问出来的

▶ 你会通过提问来寻找客户产生异议的原因吗？

▶ 向客户发问的常用方式有哪些？

当客户产生异议的时候，很多销售员会觉得手足无措，尤其是客户表达不清的时候，更是不知道如何应对。

有的时候，客户对产品的认识很粗略，所以往往无法准确描述自己的异议。实际上，当销售员无法理解客户的意思或是对某些问题不甚清楚时，可以通过巧妙的提问来引导客户说出问题的关键所在，以便精准定位，快速找到症结，为消除异议节约时间和精力。

假如客户可以理解销售员的良苦用心，他们就会对销售员产生更多的理解和信任，这样的话，客户的不满情绪就会大大减少。

当然，在提问的时候，一定要运用适当的技巧，只有这样，才能让客户更容易接受，有利于双方进行顺畅的沟通。实践证明，以下三种提问方式是比较常用且有效的。

1. 提出开放式问题

这里所说的开放式问题，是一些能让客户比较自由地表达个人观点、感受的问题。通过提出这种类型的问题，销售员可以了解一些基本情况和客户的需求。

一般而言，在沟通刚刚开始的时候，比较适合用这种方式来提出问题，因为这种方式可以创造一个相对融洽的沟通氛围。当然，这种提问方式也有一定的弊端，那就是客户给出的答案通常也是开放式的。这种情况下，销售员和客户的沟通时间会有所增加，而且销售员难以收集到足够的有效信息。所以，销售员还需要掌握提出封闭式问题的技巧。

2. 提出封闭式问题

这里所说的封闭式的问题，是一些答案相对固定甚至单一的问题，在某些情况下，客户甚至只需要回答"是"或"不是"即可。通过提出这种类型的问题，销售员可以帮助客户对自己的情况做出判断。

当然，要在一定的前提下才能使用这种提问方式。即销售员要储备丰富的专业知识，而且要尽可能地引导客户给出肯定的答案，这样一来，客户就会被销售员的专业知识和判断能力折服，从而产生信任感。

3. 综合运用开放式问题和封闭式问题

开放式问题和封闭式问题有各自的优点和弊端，在一次沟通中，如果能把二者巧妙、合理地融合在一起，那么提问效果一定会更好。一般来说，应该在沟通之初提出开放式问题，而后转入封闭式问题的提问。交替使用两种提问方式，可以迅速找到问题所在，进而有的放矢地展开相关工作。

想要成为一名优秀的销售员，仅仅认真倾听客户的诉求和异议是远远不够的，还要发挥自己的主观能动性，通过提问的方式去获得自己需要的信息。毕竟只有找到客户产生异议的根源，才能采取相应的措施。所以，准确而成功的提问，是消除客户异议的前提和必要程序。

细节回顾

- 客户无法清晰表达自己的异议时，通过准确提问能够发现真实原因所在。
- 在提问过程中，销售员应该综合运用各种提问方式，如此才能达到最好的提问效果。
- 销售员要善于发挥自己的主观能动性，积极获取销售活动中需要的信息。

正确选择时机：时机对了，解释就对了

▶ 处理客户的异议时，正确的时机很重要吗？

▶ 如何才能正确选择解释的时机呢？

美国一家机构进行过一项调查研究，在跟踪记录了数千名销售员的工作情况之后，得出一个结论：优秀销售员被客户强烈反对的机会，只是普通销售员的1/10。之所以出现如此大的差异，是因为优秀销售员总能在恰当的时机对客户提出的异议给予圆满的答复。

由此可见，时机的选择对处理客户的异议具有重要的价值和意义。在正确的时机给客户做出解释，客户的接受度往往更高，处理异议的情况往往更好。

根据不同的客户异议，比较常见的处理时机有以下三种。

1. 提前处理

在客户提出异议之前，便尝试将异议扼杀在萌芽状态，这是处理客户异议的最佳时机。如果销售员发现客户可能会提出某种异议，最好在客户尚未开口时便主动提出并给予合理的解释。这样做能为销售员争取主动权，并避免因纠正客户看法或观点而引起不快。

一名优秀的销售员，完全有能力预判出客户的异议并提前进行处理。这是因为，客户提出异议是有一定的规律的。比如，销售员介绍产品时，客户往往会在比较陌生或专业的部分产生异议。另外，客户的表情、动作等，都会不经意间泄露客户的想法，销售员只要认真观察，通常都能够先客户一步将异议处理掉。

2. 立即处理

大多数客户提出的大部分异议，都需要销售员立即进行处理。第一时间给客户合理的解释或答复，能够体现销售员对客户的尊重以及积极负责的态度。这种表现会赢得客户的好感，能够促进交易的达成。一般来说，下面三种情况需要销售员立即进行处理：

- 客户提出的异议是他最为关心的重要事项
- 不处理完异议就无法进行产品推介
- 处理完异议，客户立刻就能做出购买决定

3. 暂不处理

某些情况下，一些异议的处理并不急于一时，如果立即处理，

反而可能引来更大的麻烦。对于这类异议，最好暂不处理。

• 客户对产品尚未完全了解，便提出价格异议。

• 客户提出的异议超出了销售员的职责范围。

• 客户提出的异议明显没有依据，不攻自破。

• 客户提出的异议能在后面的沟通中得到更清晰、准确的证明。

• 客户提出的异议让销售员觉得模棱两可、难以理解。

• 销售员对客户提出的异议无法给予明确的回复。

• 客户提出的异议一时半会儿无法解释清楚。

• 客户提出的异议涉及专业知识，即便解释，客户也很难在短时间内理解。

有的时候，客户还会随意地提出一些千奇百怪的异议，比如，容易引起争论的话题，没有实际意义的笑言，明知故问的发难，等等。对于这类异议，销售员不必过于当真，完全可以通过沉默、答非所问、幽默调侃、装傻充愣等技巧蒙混过去，最终让异议不了了之。

对于任何一位销售员来说，想要很好地处理客户的异议都不是一件简单的事情。销售员不仅要掌握技巧，还要准确把握时机，在最佳的时机去处理异议，才能达到事半功倍的效果。

细节回顾

- 处理客户的异议，时机的选择很重要，时机正确，解释起来更省心省力。

- 不同的情况下，时机的选择也不同。在客户提出异议之前先将异议处理掉，是一种最好的选择。

- 对于一些不需要立即处理的客户异议，可以暂时搁置，以免给自己招惹更多的麻烦。

避免争执：争辩无法说服客户，更解决不了问题

▶你是一个喜欢和客户争辩的人吗？

▶你知道和客户争辩的结果有哪些吗？

在销售过程中，有这样一句行话："占争论的便宜越多，吃销售的亏越大。"原因很简单：即便你赢得了与客户的争论，客户还是可以通过不买你的产品来赢你；如果你输掉了和客户的争论，客户就会认为你的产品不值得购买。所以，当客户对产品产生怀疑时，销售员最不该做的事情就是与客户争论。

乔·吉拉德曾说："我们应该记住一条重要的原则：你是在做生意，而不是去打胜仗或者吃败仗。我看到有些推销员忍不住和客户发生争执，甚至吵得面红耳赤。无论最后是谁占据上风，生意都难以避免失败的命运。记住，绝对不能和你的客户争辩，因为那样做会使你们产生对抗。"不夸张地说，无论任何时候、任何情况下，

销售员与客户争辩，永远都避不开失败的结局。

乔·吉拉德有个同事，名叫欧哈瑞，他的性格十分直率，经常做出一些冲动的事情。

欧哈瑞虽然工作很努力，但是业绩总不理想。究其原因，就是他总喜欢和客户争辩，每一次都要和客户争得面红耳赤，非要占据上风才行。

一天，欧哈瑞接待了一位客户。客户发现汽车存在一些小问题，于是提出了一些异议。欧哈瑞很不高兴，立刻涨红了脸反驳客户。后来，客户没能争过他，气呼呼地甩手走人了。

看着客户远去的背影，欧哈瑞有些扬扬得意，好像在说："我又赢了。"

销售员的工作是负责将产品销售出去，而不是与客户争论谁对谁错。如果最终赢得了与客户的争辩，却丢掉了生意，那对销售员来说就是失败的。

客户提出异议，销售员的意见却与其不合时，千万不要和客户发生争论。通常来说，销售员和客户争论会有以下三种结果：

• 销售员赢了，客户点点头，说："好，你厉害。我不买你的东西还不行吗？"

• 销售员输了，客户轻蔑地说："都说不过我，还跟我讲什么产品，回去好好看看产品说明书吧！"

• 销售员和客户争执不下，最后不欢而散。

从上述三种结果不难看出，无论是哪一种情况，最终输掉的都是销售员。毕竟，销售员的工作是消除客户提出的异议，成功销售产品，而不是为了逞一时口舌之快。

客户产生某些异议，很有可能是产品或服务让他们产生了不好的感受或体验，销售员应该对此表示理解，给客户发泄情绪的机会，让其在冷静之后再详细阐述异议产生的原因，进而有的放矢地化解客户提出的异议。

细节回顾

• 客户产生异议，必然有其内在原因，一味和客户争辩，只会让客户无法顺畅表达观点。

• 和客户争辩，无论最终结果如何，销售员都注定会失败。

• 客户输了争辩，更会对销售员产生不好的印象，这对于处理异议和达成交易都无益处。

处理过激异议，记住6种有效技巧

▶客户表达过激异议时，你会如何应对？

▶处理过激异议的技巧，你掌握了多少？

所谓过激异议，是客户把一个异议问题加重和强化的表现。在销售活动中，经常会遇到产生过激异议的客户。

这类客户之所以表现得如此激动，一般有两个原因：一是脾气暴躁，二是别有用心。无论客户出于什么原因产生了过激异议，销售员都应该及时解决。如果任由客户表达或宣泄，不仅会失去当前的客户，还会对其他客户产生消极的影响。

对于销售员来说，这是一个巨大的挑战，但是，无论情况多么紧迫，客户的反应多么过激，销售员都应该保持冷静的头脑，厘清思路之后再做出谨慎的判断。通常，销售员可以先问自己几个简单的问题：

销售就是要
拼细一节 ▸ ▹ ▹　208

- 客户提出异议的原因是什么?

- 客户提出的异议是真是假?

- 客户提出异议的关键因素是什么?

- 客户提出的异议对他来说重要吗?

在对这几个简单的问题进行梳理之后，销售员就能以更正确的态度去应对过激异议。比如，有的客户提出过激异议只是因为心情不好，这个时候，如果销售员和客户进行辩论，显然只会让客户变得更加激动。正确的做法是，先想办法让客户冷静下来，在客户心情平复之后再行商谈。

通常来说，在面对客户的过激异议时，销售员有以下6种技巧可以使用：

1. 提问法

询问客户产生异议的原因，把握客户真正的异议点。

2. 忽视法

对异议进行冷处理，适用于异议与当前交易无关的情况。

3. 太极法

针对客户的异议提出问题，将反对意见转化为购买理由。

4. 补偿法

异议确实合理时，给予客户一定的补偿，以平衡其心理。

5. 欲擒故纵法

先用"是的"肯定客户的想法，再用"如果"软化不同的意见。

6. 正面驳斥法

客户对销售员的诚信度产生怀疑或引用资料有误时，用事实或正确资料进行正面驳斥。

客户产生过激异议的原因多种多样，销售员需要经过认真分析才能辨别真正的原因。想让客户在短时间内恢复平静，最终化解过激异议，确实是一件非常困难的工作。但是，只要销售员能够掌握相应的处理技巧，在面对客户时就会更有信心，从而更好地处理过激异议。

细节回顾

- 客户产生过激异议时，销售员应该及时进行处理，以免对其他客户产生消极的影响。
- 处理过激异议的过程中，销售员应该保持平和的心态和清晰的头脑。
- 综合运用处理过激异议的6种常用技巧，效果会更好。

课后习题

细节辨析

认真阅读下列陈述，辨析所述细节是对还是错。

1. 客户既然对产品有异议，就说明产品有需要改进的地方。

2. 销售员不仅要认真倾听客户的异议，还要通过提问的方式，主动获得自己需要的信息。

3. 销售员自嘲的时候，会让客户产生销售员没有自信的感觉。

4. 客户提出异议的时候，销售员要在第一时间进行处理，表现出对客户的尊重和重视。

5. 消除异议的过程，就是说服客户的过程，只要能赢得争辩，就能赢得订单。

6. 客户一旦产生过激异议，销售员就要在最短的时间内予以处理，以免对其他客户产生消极的影响。

技能测试：你促成交易的能力如何

在销售谈判后期，如果客户认可产品，就会不经意间透露出准备签单的意向。这个时候，就要求销售员抓住机会促成签单。试着回答下面的测试题，看看自己促成交易的能力如何。

1. 你怎么判断客户是否产生了购买意向？

   A. 观察客户的语言和非语言信号

   B. 听客户直接表达购买的意愿

   C. 直接询问客户要不要购买

2. 你能否迅速发现客户的购买意向？

   A. 能

   B. 偶尔能隐约发现

   C. 通常很难发现

3. 你推销的时候是否希望客户尽快签单？

   A. 不着急，主要目标是满足客户的需求

   B. 对比较啰唆的客户着急一些

   C. 赶紧下单，签完单就万事大吉了

4. 客户犹豫不决时，你会催促客户吗？

   A. 不会，让客户自行决定

   B. 想方设法给客户制造点压力

C. 抓紧时间劝客户购买

5. 客户下单之前，又有了新问题，你会怎么做？

A. 询问原因，尽快解决

B. 缺乏耐心，勉强应付

C. 抱怨客户没有认真听自己说话

6. 你对成交技巧了解多少？

A. 基本了解

B. 不太了解

C. 不了解

7. 客户签下订单时，你会表现得很激动吗？

A. 心态很平和

B. 有的时候很激动

C. 每一次都觉得非常激动

8. 你费尽口舌，客户还是拒绝签单，你会埋怨他吗？

A. 不会

B. 偶尔会

C. 经常会

9. 推销不成功的时候，你会产生挫败感吗？

A. 不会

B. 偶尔会

　　C. 经常会

　　10. 客户这次拒绝签单，你会把他当成潜在客户为下次交易奠定基础吗？

　　　　A. 会

　　　　B. 偶尔会

　　　　C. 从来不会

计算方法

　　A、B、C选项对应的分值分别是5分、3分、0分，将各题得分相加，计算出总分。

测试结果解析

　　30分及以下：说明你促成交易的能力很弱，需要参加培训或自学来提高能力。

　　31～45分：说明你促成交易的能力还存在一些不足，需要进行自查和适当调整。

　　46～50分：说明你促成交易的能力非常强大，要继续保持。

细节辨析答案

　　1. 错。客户的异议并不都是真的，有些只是他们的借口而已。

2. 对。

3. 错。自嘲并不是自我讽刺或挖苦，而是一种积极正向的表现，能够展现销售员幽默的一面。

4. 对。销售员一时无法给出答案或是超出职责范围的异议，需要暂时搁置起来。

5. 错。即便销售员赢得了与客户的争论，客户还是可以通过不买产品来胜过销售员。

6. 对。

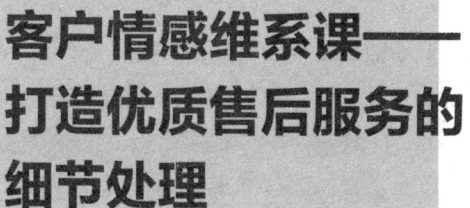

第十章

客户情感维系课——打造优质售后服务的细节处理

推销工作98%是感情工作，2%是对产品的了解。

——乔·甘道夫

回头客战略：售后服务是拉住客户的无形之手

▶ 产品卖出去之后，就意味着销售工作告一段落了吗？

▶ 售后服务工作包含哪些具体内容？

一般的销售员会觉得，产品卖出去之后销售工作就告一段落了。所以每次销售一结束，就开始着手寻找新的客户，展开新的销售挑战。对于这些销售员来说，客户名单永远在不停地变化。这种做生意的方法就是一锤子买卖，对于销售员来说耗费了许多时间、精力，在业绩上却没有多少提升。实际上，有一种省时省力的销售方法，即用售后服务抓住客户的心，让客户不断重复购买产品。

关于售后服务，博恩·崔西这样说："你要不时地询问客户，问客户产品的使用效果，问客户还需要什么服务，问客户是否满意自己的产品，这样客户才会认为你是真正地关注他，那么他也会在下次购买产品时首先想到你。"在他看来，对于销售员来说，既要寻找机会开发更多的新客户，也要确保老客户不流失。至于能否留住老客户，则取决于销售员售后服务质量的高低。

销售员与客户之间的关系，不应该只是简单的买卖关系，而应该建立在深厚的感情之上。为了与客户建立长期的合作关系，销售员应该做好以下六个方面的工作：

• 销售成功之后，及时给客户寄去一封感谢信，与客户确认收货日期，并感谢他购买产品。

• 询问客户的使用体验，为客户提供更多优质服务。

• 在客户生日来临之际，给客户寄一张生日贺卡。

• 产品更新换代、功能升级时，及时通知客户。

• 产品保修期满之前，通知客户进行最后一次免费检查。

• 外出推销时，顺便拜访当地已经购买产品的客户。

销售员应该明确一点，那就是客户购买的不仅是产品，还有产品附带的服务。在销售产品的过程中，销售员要提供优质的服务；交易达成之后，销售员要继续为客户服务。这样，销售员才能与客户建立起长期的合作关系。

任何一次销售活动，都是一个持续不断的过程，为客户提供优质的售后服务，才能不断赢得回头客，而回头客的再次购买，又会成为新的销售起点。也就是说，成交并非销售活动的结束，而是下一次销售活动的开始。时刻牢记"你忘记客户，客户也会

忘记你"这条真理，尽全力做好售后服务工作，才能赢得越来越

多的回头客。

细节回顾

- 做一锤子买卖的销售员，永远都无法赢得忠诚的客户，无法得到
  回头客。
- 客户购买产品时，不仅购买了真实的产品，还购买了产品附带的
  服务。
- 每一次销售活动的结束，都不是终点，而是下一次销售活动的起点。

VIP策略：为关键客户提供个性化服务

▶你对关键客户有怎样的认识?

▶你会与关键客户保持更多的联系吗?

作为一名合格的销售人员，应该深知一个规律：不同类型的客户会给自己和公司带来不同的利润和收入。一般来说，80%的利润来自20%的客户，而剩下20%的利润则来自其他80%的客户。

在销售过程中，销售员总希望以最小的代价换取最大的利益。为了达到这一目的，销售员应该重点关注那些能够创造80%的价值的大客户。他们是销售员的关键客户，销售员应该采取VIP策略，让他们感受到与众不同的售后服务。

任何一个行业中，都能看到大客户的身影，从股票市场到电信企业，从房地产销售到零售业推广，各行各业中都有大客户在发挥重要的作用。

所以，在维护客户关系时，销售员一定要紧紧抓住自己的关键客户。通过优质的售后服务提升客户的满意度，进而让客户对销售员和产品产生更高的忠诚度，关键客户就不会轻易"改换门庭"，与其他的销售员合作和交易。

很多销售员其实深知VIP策略的重要性，也曾尝试为关键客户提供个性化服务，但是由于能力不足、资源不够等原因，总是难以达到最好的效果。实际上，只要销售员能够做好以下三点，就能维系好自己与关键客户之间的关系。

1. 提升个人素质

大客户通常会对售后服务有较高的要求，销售员需要具备广博的知识及较高的沟通能力。同时，销售员要注意观察客户及行业的动向，根据客户在不同时期的不同需求，为客户提供满意的售后服务。

2. 时刻保持沟通

随时和大客户保持沟通是一项非常重要的工作，通过及时、有效的联络，销售员能够掌握客户的第一手资料，然后根据客户的实时状态，提供相应的服务。

3. 提供个性化售后服务

每个大客户都有独特的需求，针对售后服务同样会有不同的要求。销售员要根据客户的不同状况，因人而异地提供个性化的服务，让客户深刻地感受到销售员是用心为他服务的。

许多销售案例和实践已经证明：比较稳定的客户群体与销售员有较好的沟通和合作，与他们交易，销售员无须付出太多成本；流动性较大的客户群体需要销售员付出更多的时间、精力等去维护，无形中增加了成本支出。反过来也可以说，稳定的客户群体比流动性大的客户群体能为销售员创造更多的收益。

可见，维护稳定的客户群体，对于销售员来说是非常重要的。尤其是关键客户的维护，销售员更应该加以重视，毕竟他们能为销售员带来大部分的收益，只要能够紧紧抓住大客户，销售员的销售业绩就不会受到太大的影响。

细节回顾

- 在各行各业中，都能看到大客户的身影，抓住了他们，销售员就拥有了稳定的收益。

- 大客户对售后服务有更高的要求，销售员要因人而异地为他们制定个性化服务方案。

- 关键客户是销售员的重要收入来源，销售员应该尽力为他们提供个性化服务，使这个客户群体保持稳定。

回访客户：维护比开发更重要

▶ 你会定期回访自己的客户吗?

▶ 常见的回访方式有哪些?

在销售实践中，有一个让人费解的现象：虽然很多销售员都能凭借自己的三寸不烂之舌说服客户购买产品，但是客户的重复购买率并不是很高。其中的原因，其实很简单：这些所谓的销售高手，并不懂得做好回访工作，以至于自己的客户资源不断流失，往往很难做出很大的业绩和成就。

在销售工作中，定期回访客户是不可或缺的内容之一，许多事实已经证明，这项工作对于销售工作的持续拓展有很大的帮助。其中的原因也不难理解，销售员和客户不断沟通的过程中，彼此的感情会变得越来越深厚，客户对销售员会产生更多的信任。随着良好关系的逐渐稳固，销售员便可以通过客户的人脉资源，获得越来多的销售机会。

在销售活动中，回访客户的方式没有定式，销售员可以根据自己的情况和客户的需求，采取适当的方式。一般来说，比较常见的方式有电话回访、上门回访和信函回访等。

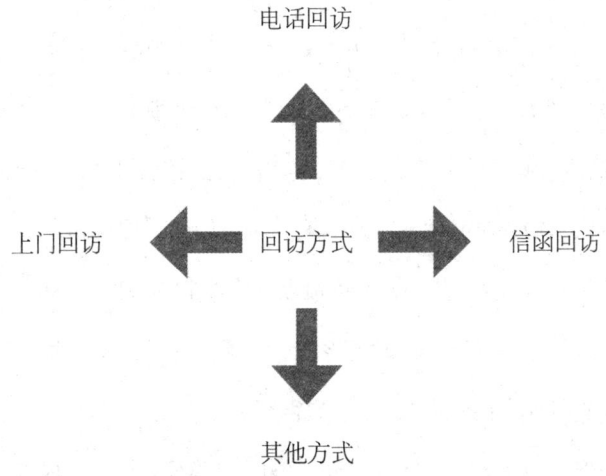

从1979年开始，柴田和子连续14年都是日本的保险销售冠军。她之所以能够取得如此成就，是因为她的回访工作做得很好。

柴田和子有一个良好的习惯——拜访老客户，而且每次到客户的公司去拜访，她总要顺便买几盒寿司带上。来到客户的公司之后，无论遇到谁，她都会热情、礼貌地和对方打招呼，然后再说明来意，公司里的每一个员工，都能亲眼见到、亲身体会到柴田和子的优质服务，所以很多人都愿意通过她购买保险。

　　柴田和子始终将老客户放在自己心里，总愿意花费一些时间和精力到老客户家里或者公司去拜访，这让她的那些客户倍感温暖，忠诚度也不断增加。一旦他们想买保险，首先想到的一定是柴田和子。通过维护老客户，柴田和子以极小的成本获得了更多的客户。

　　乔·吉拉德一直推崇"250法则"，他认为每一个客户的身边平均有250个潜在客户。也就是说，销售员只要抓住了一个老客户，就意味着找到了250个潜在客户。其中附带的销售机会，可能数倍于此。所以，销售员必须及时对老客户进行回访。回访客户时，有些技巧是非常实用且有效的，销售员应该认真学习和努力掌握。

　　•技巧一：销售员可以和老客户时常联系并到其家里拜访，随身带一些公司新产品的资料，争取赢得回头客。

　　•技巧二：销售员可以到老客户的公司等公共场合去拜访，创造结识更多的客户的机会，打造自己的关系网。

　　•技巧三：销售员对客户进行回访时，不能将自己的目的表现得过于明显，也不能占据客户过多的时间。

　　销售员基本都知道一句话，叫作"回访路上有黄金"。这就告诉销售员，回访客户能给自己带来巨大的利益，销售员应该将这项工作放在重要的位置，时刻提醒自己不要疏忽或忘记。

　　"保险皇后"陈明莉说过："我的服务理念就是做客户的朋友，

在保险业以服务代替销售。"售后服务的重要性不言而喻，而回访
工作则是售后工作的重要组成部分。通过积极有效的回访，销售员
可以了解客户的需求，拉近与客户的关系，加深彼此之间的感情，
打造稳固的合作关系。回访老客户，无须花费太多的时间和精力，
却能收到意想不到的良好效果，对于销售员来说，这是一举多得的
事情，何乐而不为呢？

细节回顾

- 销售员能否拥有较多的回头客，与其回访工作有着密不可分的
  关系。
- 回访老客户是售后服务工作的重要组成部分，销售员应该加以
  重视。
- 回访工作的特点是付出少，回报多，老客户能给销售员带来潜在
  客户和销售机会。

处理抱怨：以积极、高效的态度做服务

▶ 在你看来，客户产生抱怨的原因有哪些？

▶ 客户抱怨时，你会以何种心态来应对？

　　客户之所以决定购买产品，是因为对产品有一定的需要，且对销售员充满信任。自然而然地，客户对售后服务也会抱有一定的期待。当产品的使用情况不佳或是售后服务水平跟客户想象的有差距时，他们难免产生不满的情绪，觉得销售员对自己不管不问，甚至认为销售员欺骗了自己。

　　客户产生这种抱怨是十分正常且普遍的，毕竟每个人都有自己的诉求和理解标准。当产品或服务与自己的期待不符时，客户显然会失望。但是，无论是哪一种原因让客户产生了抱怨，从根本上说，都是客户的某些需求没有得到满足。

　　面对客户的抱怨，销售员通常有以下四种不同的表现：

觉得非常烦躁，不想理会客户

觉得客户是在故意找茬，随意敷衍几句

随便找个借口，将客户推给公司的其他部门

积极地帮助客户解决客户所抱怨的问题

　　站在客户的角度上想一想，显然是最后一种处理方式最能被客户接受。客户抱怨时本就情绪不佳，如果销售员再不积极、主动一些，客户的情绪只会变得更糟，对销售员的印象也会更加糟糕。

　　销售员想要高效地处理客户的抱怨，首先要追本溯源，了解客户产生抱怨的根本原因。只有找到了源头，才能有的放矢地提出解决方案。通常来说，引起客户抱怨的原因有以下四个：

产品的使用情况、功效等与客户的预期存在差距

客户对销售员提供的服务有所不满

销售员对产品不了解，无法解答客户提出的问题

客户对销售员的服务态度有所不满

在处理抱怨的过程中，销售员仅仅了解客户产生抱怨的真正原因是不够的，还要遵循以下四个重要原则：

树立正确的服务理念，绝对不能和客户发生争执

先安抚客户的情绪，再处理客户的抱怨

及时处理抱怨，按照流程向公司反映具体情况

将客户的抱怨记录下来，便于以后进行分析

对于销售员来说，客户产生抱怨不一定就是坏事，从客户的抱怨中，销售员可以了解产品的缺陷，可以发现忽视的问题，等等。只要销售员能抱着积极的态度，用真心实意的服务去打动客户，那么不但能化解客户的抱怨，还能赢得客户更多的信任。

客户：小孙，为什么我的购物发票还没寄到，这都十来天了。怎么？东西卖完了，就不管我了？

销售员小孙：王先生，实在抱歉！这是我的疏忽，不该劳烦您打电话过来。我之前就做过承诺，我的手机24小时开机，有问题您可以随时找我，现在也是一样的承诺。我们对售后服务是非常看重的。

客户：那我怎么还没收到发票呢？

销售员小孙：是这样的，我们公司的发票一般会在您确认收货之后的7个工作日内寄出。

客户：真的是这样吗？

销售员小孙：这个您放心，一直都是如此。我刚刚查了一下，下个星期二，发票就能送到您的府上。如果到那时您还没有收到发票，您再跟我联系，我再帮您查一下具体情况。您看行吗？

客户：行，谢谢你啦！

客户产生抱怨的原因有许多，以积极、高效的态度去应对，客户往往会被销售员的态度感染，不满的情绪也会减少许多。但是，看似简单的处理过程，许多销售员却并不能很好地掌握。在展开售后服务的过程中，记住下面四个步骤，将对处理客户的抱怨有所帮助。

客户满意，抱怨处理完成，客户不满意，给出新的解决方案，直到客户满意为止

步骤4

处理结果出现之后，及时告知客户，并主动询问客户是否满意处理结果

步骤3

进行理性的分析，从中找到解决问题的方案或办法

步骤2

认真聆听客户的抱怨，并真诚地表示歉意

步骤1

细节回顾

- 面对抱怨的客户，销售员只有保持积极、高效的态度，才能赢得客户的认可。

- 客户产生抱怨的原因多种多样，销售员只有找到根源，才能更好地为客户服务。

- 抱怨对销售员并非都是消极的影响，正确面对，销售员便能从抱怨中发现自己忽视的问题。

情暖人心：贴心关怀让客户心生暖意

▶应该怎样表现对客户的关怀之情？

▶你是怎样给予客户贴心关怀的？

　　客户购买产品，并不单单追求它的使用价值，还希望得到更多的附加价值。而高质量的售后服务，便能在一定程度上满足客户的附加需求。

　　关心客户是售后服务的重要组成部分，每一位销售员都应该在适当或必要的时候及时给予客户应有的关怀。这样，不仅能赢得客户的信任，还能促使客户为销售员推荐更多的潜在客户，这对销售工作有很大的助益。

　　通常来说，销售员可以通过以下三个细节来表现对客户的关怀之情：

　　• 从客户的角度出发，说一句最能触动客户心灵的话，让客户知道销售员是深有同感的。

- 平日加强与客户的联系，在一件件小事上表现销售员的关怀之意。

- 留心搜集一些和客户切身相关的信息、资料等，在客户有困难时及时伸出援手，让客户记住销售员的好。

对于销售员来说，关怀客户并不需要付出太多的努力和代价，但是成功做到之后，往往能够得到数倍于付出的回报。

陈明莉是新加坡的保险销售冠军，在业内有着显赫的名声。

一天，陈明莉了解到自己的一个客户因病住进了医院，于是她购买了药材、补品等，第一时间给客户送到了医院，以表达关怀之情。客户被她的这个举动深深触动，因此立即表示要增加保额。不仅如此，与客户同病房的病友看到陈明莉如此关心自己的客户，也都极为感动，他们出院之后，很快便与陈明莉取得联系，与她签订了大额保险。

投桃报李，礼尚往来，这是人之常情。销售员能对客户表现出至真至诚的关怀，客户自然也会对销售员有所回报。或是购买更多的产品，或是为销售员推荐更多的客户，总之都是对销售员大有益处的。

对客户的贴心关怀，不仅能够赢得客户的忠诚，还能提升业绩、扩展人脉，可谓一举多得。对于销售员来说，这是一种投资小、回报大的情感维系方式。销售员真心实意且持续不断地给客户送去人情之暖，想客户之所想，急客户之所急，客户自然会深受感动，给予销售员更多的收益。这样，销售员的客户群才会越变越大，销售之路才能越走越宽。

需要注意的是，销售员一定要把握好关怀的度，万万不可对客户的私事表现出过分的关心，以免不小心触及客户的个人隐私，引来客户的反感。

细节回顾

- 相比于产品的使用价值，客户对产品的附加价值更为看重。
- 充满人情味的关怀，会让客户备受感动，进而与销售员签订更多订单。
- 触及客户隐私的事情，不宜过多关切，以免引起客户不满。

课后习题

细节辨析

认真阅读下列陈述，辨析所述细节是对还是错。

1. 把产品卖给客户之后，销售员的销售工作就告一段落了。

2. 销售员要根据客户的不同状况，因人而异地提供个性化的服务。

3. 在销售工作中，定期回访客户是不可或缺的内容之一，这项工作对销售工作的持续拓展有很大的帮助。

4. 对于销售员来说，客户的抱怨只会产生不良影响。

5. 贴心关怀客户，能让客户更忠诚，有助于销售员提升业绩、扩展人脉。

技能测试：你的售后服务做得到位吗

良好的售后服务，不仅能维护好与老客户之间的关系，还能在无形中找来很多潜在客户。试着回答下面的测试题，看看自己的售后服务做得是否到位。

1. 交易达成之后，你能及时跟进服务，履行成交前的诺言吗？

A. 能，而且经常和客户保持联系

B. 偶尔能够做到

C. 达成交易之后，销售就算完成

2. 你会通过电话与购买了产品的客户沟通，听取他们的反馈意见吗？

A. 定期对客户进行回访

B. 偶尔给客户打电话

C. 从来不给客户打电话

3. 老客户的需求有所发展和变化时，你会关注吗？

A. 经常关注

B. 偶尔关注

C. 从来没有关注过

4. 在你看来，开发新客户比维护老客户更重要吗？

A. 从不这样认为

B. 说不好

C. 是的

5. 在你看来，与客户的联系越频繁越好吗？

   A. 要保持一定的频率

   B. 某种程度上是的

   C. 是的

6. 你会经常和客户联系，让他们加深对你的印象吗？

   A. 从来不联系

   B. 偶尔会联系

   C. 总会联系

7. 在你看来，售后服务有助于发现和减少客户的负面反馈吗？

   A. 是的，有帮助

   B. 不好说

   C. 没有任何帮助

8. 对于客户使用产品的情况，你会主动去了解吗？

   A. 是的，会定期去了解

   B. 偶尔会了解一下

   C. 从来不去了解，免得给自己找麻烦

9. 在你看来，是否应该针对不同的客户采用不同的服务方式？

   A. 是的，不同的客户有不同的个性和需求

   B. 稍做调整就行了

   C. 不需要，对客户一视同仁就可以

10. 你会对客户进行分类管理吗？

　　A. 总会这样做

　　B. 对于重点客户会这样做

　　C. 没必要对客户进行分类

计算方法

A、B、C选项对应的分值分别是5分、3分、0分，将各题得分相加，计算出总分。

测试结果解析

30分及以下：说明你的售后服务做得还远远不够，需要继续学习，以免影响之后的销售工作。

31～45分：说明你的售后服务在某些方面还存在一些不足，需要进行自查和弥补。

46～50分：说明你的售后服务做得非常优秀，要继续保持。

细节辨析答案

1. 错。销售活动是持续不断的过程，成交并非销售活动的结束，而是下次销售活动的开始。

2. 对。

3. 对。

4. 错。从客户的抱怨中，销售员可以了解产品的缺陷，可以发现忽视的问题，等等。

5. 对。

附录
▼
▽
附录
↓
APPENDIX

服务需要人性化

博恩·崔西说:"销售是从关心人开始的,你只有关心客户,才能让客户对你产生亲近感。"这句话看似简单,其中蕴含的道理却不简单。

关心客户的第一前提,是发自内心深处地关心客户,而不能虚伪做作或是带有达成交易的潜在目的。客户希望得到销售员真心实意的人性化服务,而不是一眼就能看穿的虚情假意。

对于客户来说,购买产品的目的,不仅是享受产品带来的实用价值,还有良好的消费体验及附加的各种服务。销售员与客户之间的良好关系,是在亲密互动、直接交流中逐渐培养和积累起来的。提供人性化服务,下面四个细节不能忽视。

一、重视客户

每一位客户都渴望得到销售员的重视,渴望销售员为自己推荐最适合的产品，得到良好的使用体验和服务。

销售员应该将客户视作自己的亲人和朋友，真诚地聆听客户的需求，为客户提出专业而实惠的建议。

而且，由于每个客户都是与众不同的个体，他们有着不同的经历、思想、喜好等，想要满足客户的需求，就要针对每一位客户制定不同的销售策略。

二、为客户着想

福特说："如果有什么成功秘诀的话，那就是设身处地地为别人着想。"人性化的服务，要求销售员站在客户的角度上，想方设法为客户提供能够满足其需求的产品，解决客户遇到的实际问题。

在销售过程中，销售员和客户相互影响、相互作用，彼此之间的关系随着交易进程的推进不断发生微妙的变化。销售员不仅要让客户理性地看到产品能为他们带去的好处，也要让客户从感性的角度接受销售员。

设身处地为客户多考虑，为他们提供最佳的选择方案，努力变成客户的朋友，让客户感受到销售员暖暖的人情味，会让客户更加满意。

三、服务透明化

所谓"百闻不如一见"，销售员只靠嘴巴说，是很难打动客户的，如果让客户亲眼得见，他们的想法就会大有改观。所以，在销售过程中，销售员应该追求服务过程的透明化，在客户眼皮子底下完成服务。

人是有感情的，人的行动是靠感性驱动的。销售员仅仅试图通过理性说服客户，显然是不够的。如果能给予客户一定的视觉冲击，借此刺激他们的神经，往往能达到更好的效果。

根据销售实践的经验来说，亲眼见到的事物会给客户带去更大的安全感。当产品真实地出现在客户面前时，它所展现的冲击力显然是苍白的语言无法比拟的。所以，对于销售员来说，为客户提供看得见的服务，会对客户的心理和行为产生积极的影响。

四、及时反馈

在为客户提供服务的过程中，很多销售员会有意无意地犯下"不及时反馈"的错误。很多销售员觉得，只要给客户一个最终的结果，让客户感觉满意就行了，至于中间的过程，客户知不知道无所谓。

事实真的是这样吗？显然不是！无论客户对产品了解多少、专业性如何，他们都希望能够随时掌握交易的进程和动向，以求获得心理上的安定。一旦客户因漫长的等待而产生焦虑情绪，那么交易便会面临失败。

如果销售员能理解客户的心情，多沟通、多反馈，客户焦躁的心情就会得到平复，交易失败的风险也会消弭于无形。

　　总而言之，为客户提供人性化服务，首先要尊重客户作为一个人的情感需求。以感性的态度去面对客户，让客户感受到销售员的真心关怀和热情服务，客户才会从内心深处接受销售员和产品。

　　对于销售员来说，"顾客是上帝"并不是一句空洞的口号，而是为客户提供服务的基本宗旨。只有在服务中融入更多的人情味，才能给"上帝"带去温暖，促使客户和销售员形成长期的合作关系。